日本、そして日の本のライトワーカーにとって、
二〇一三年は、とても重要な年となります。
ここから先の、すべての核、柱となっていきます！
宇宙の創始から中今までのすべての成果を統合し、
真の神人へ向かう始まりの年です。
神人一体となった、真のアセンションの始動です！
その日の本のライトワーカーの究極のミッションが、
『皇人』（すめらびと）なのです！

愛《あい》　それは
地球《ちきゅう》と　みんなの星《ほし》と
みんなのハートが
ひとつにつながったもの

日那《ひな》ちゃん（五歳）より

皇人《すめらびと》

アセンション・ファシリテーター *Ai*

明窓出版

皇人——すめらびと　目次

第三章　二〇一三の基礎

第四章　二〇一三のツール

はじめに

アセンション・ファシリテーター　Ａｉ

日の本のアセンション・ライトワーカーと、それを目指す皆さま、こんにちは！

二〇一二年のスーパーアセンションは、いかがでしたでしょうか！？

それは、日の本のアセンション・ライトワーカーの皆さんのコラボにより、超ウルトラ素晴らしいものとなりました！！！　それらについては、主に本書の第一章で詳しくレポートしていきます。

そして二〇一三年は、日の本全体と日の本に住むすべての人々にとって、これまでのすべての成果を統合し、新たな、そして真のアセンションの始動となる、極めて重要な年です。

二〇一三年以降とそのアセンションの、すべての核となり、柱となっていきます！　そしてそれ以降のすべてのアカシックの元となり、未来を担うものとなっていくのです！

その『核心』となるのは、やはり最もシンプルなものであり、最も重要なものであると言えます。それらについても、本書の全体を通して、読者の皆さまとともに、じっくりと探求していきます！！！
※本書の全体から理解していただけると思いますが、本書は、二〇一三年だけのためのアセンション・

ガイドブックではなく、「二〇一三年までのすべてを統合」、そして「二〇一三年からのすべてのひな型」を、皆さまに創っていっていただくための重要なガイドブックです！！！

二〇一三年には、神宮（伊勢神宮）の皇大神宮（内宮）の、式年遷宮の主要な祭儀が行われます。これも二〇一三年の、日の本全体、日の本に住む人々全体の集合意識とそのアセンションのシフトに、大きく関わっています。

日の本全体の集合意識がひとつとなり、明《あか》き太陽の日の丸となり、大きくシフトをする重要なチャンスとなります。

それは、日の本の一人ひとりと全体が、真の『根源』へつながるものとなるでしょう！！！

第一章

二〇一二レポート

神宮　宇治橋の鳥居と太陽

二〇一二アセンション

――地球史上、最大と言われた二〇一二年のアセンション。

皆さま、いかがでしたでしょうか!?

大きなシフトがあったり、体験や実践をした人。いまひとつ明確に実感、体感できなかった人など、様々かもしれません。

この後、アセンション・アカデミーの皆さんからの二〇一二体験記をご紹介しますが、実際に、莫大な動きとシフトと成果がありました!!!
※そして、明確に体験、実感できなかった人にも理由があります。
それは、様々な要因により、二〇一二アセンションの全体が、主に『**ハイアーセルフのレベル**』であったからなのです!!!

その主な要因のひとつは、「預言されていた様々な出来事から、地球と人類を守るため」であると言えます。

明確に言いますと、皆さんのハイアーセルフを含む高次の全体は、二〇一二で地球のアカシックを終わらせたくなかった。存続させたかった。そして二〇一二アセンションを、予定のレベルまで成功させたかった――ということなのです！！

ゆえに、二〇一二の動きは、ほぼ一〇〇パーセント、ハイアーセルフによる、ハイアーセルフレベルの動きであったと言えます。

（言い換えますと、高次と皆さんのハイアーセルフ〈連合〉による、一種の自作自演とも!?〈笑〉）

つまり、二〇一二年までに、アセンションの学びと実践がある程度進んでいる人、ハイアーセルフと、あるレベルまで真につながった人のみ、地上セルフとしても真の実感、体験となったということなのです！

そして、二〇一二までの成果の統合が、二〇一三からの本格アセンションにつながっていきます。

※しかし、二〇一二アセンションを明確に実感、体験できなかった人も、がっかりすることはありません！　前述のように、「ハイアーセルフ」は体験し、大きなシフトを遂げていると思いますので、決して

今からでも遅くはないのです！

そして、二〇一二アセンションが主にハイアーセルフレベルとなったもう一つの主な要因は、地球人類全体と、コアのライトワーカーも、二〇一二年の時点では、まだ地上セルフが必要なレベルまで対応できるほどの進化を遂げていなかったということでもあります。

しかし、皆さんのハイアーセルフはすごい、素晴らしい！　ということでもありますので、そこに、一人ひとりと全体の大きな希望とワクワクがあると思います！！！

本当に、素晴らしい成果となった二〇一二アセション！
しかしそこには、いくつかの大きな問題もあります。

最も大きな問題は、「二〇一二のツケ」と言えるものです。それは、地球の変動と大きく関係があります。宇宙、太陽系のアセンションに伴い、地球も大きくシフトしようとしています。そのシフトは、人類の意識が十分にアセンションしていると好ましいものとなり、そうでなければ、物理次元の人間にとっては、好ましくないものになってしまうでしょう。

地球人類の意識の進化は、地上セルフレベルではまだ不十分なので、二〇一二年は、高次とハイアーセルフ連合から、多大なサポートがありました。それは前述のように、高次とハイアーセルフ連合が、それを強く望んだからだったのです。地球、そしてハイアーセルフ&連合そのものが、二〇一二アセンションを成し遂げたい、と！！！

そのため、地球の物理次元における大きな変動もかなり押さえられていたのです。

しかし、二〇一三年に入り、ハイアーセルフ連合の目的もある程度達成され、コアのライトワーカーの地上セルフのアセンションもある程度進んだため、高次とハイアーセルフ連合からの物理次元へのサポートは、二〇一二年をほぼ一〇〇パーセントとすると、二〇一三年からは、約五十パーセントになっていきます。

ゆえに、二〇一二年にはある程度抑えられていた「現実」が、現れてきます。

地球全体の地殻変動も活性化しており、それは周知の通りであると思います。

ですから、本当の本番！！！　その始動が、二〇一三年であると言えるのです！！！

まだ約半分は、高次・ハイアーセルフのサポートがあるのですが、あとの半分は、**皆さん一人ひとり！**

地上セルフの意識、エネルギー、アセンションにかかっているのです！！！

※二〇一二アセンションの前半については、前著の「根源へのアセンション」（明窓出版）に詳しく述べられており、本書の内容をよりよく理解するための基礎知識は、「愛の使者」「天の岩戸開き」「地球維神」（共に明窓出版）に述べられていますので、ぜひ合わせて参考にしてください。

では次に、二〇一二アセンションの、後半の動きについて観ていきましょう。

――二〇一二アセンションの全体は、前述のように、主に高次とハイアーセルフ連合の動きが中心であり、ある程度地上セルフのアセンションが進んでいるコアのライトワーカーにとっては、そのほとんどがハイアーセルフのポータルとしての動きであったと言えます（通称、ハイアーセルフによる「自動操縦」と呼んでいます〈笑〉）

しかし、コアのライトワーカーたちは、地上セルフのアセンションと、ハイアーセルフとのつながりも進んでいるので、全体の動きやエネルギーもある程度まで体感でき、至福の体験をして、学びとなったようです！！！

二〇一二年の前半は、後半の本格的なアセンションへの地上セルフの準備として、まずは基礎の強化が中心となりました。それについては、「根源へのアセンション」に詳しく書かれています。

大枠では、まずはアセンションの「入門」コースとして、「ハート」を中心に、各エネルギーセンター（チャクラ）の強化など、「基礎」コースとしては、ハイアーセルフや高次のマスター方とのつながりの強化などです。

後半は、神界、特に太陽神界とのつながり、八次元とのつながりの強化。そして宇宙レベルの高次（アインソフなど）とのつながりの強化です。

さらに二〇一二年ラストの十二月には、宇宙キリスト意識の本源、十二次元とのつながりのワークを進めていきました。

高次と地上のライトワーカーとのコラボで発現し、皆が体感した「アセンションした地球」エネルギーとは、まさに「創始の地球」という感じで、この上なく素晴らしいものでした！！！

二〇一二年十二月二十三日から二十四日にかけては、地球の創始とも関係がある神聖な場所で、二百人近いコアのライトワーカーが結集し、地球のアセンションと、宇宙の創始のゲイトを開くセレモニーを行いました。

その時に初めて、十二次元の宇宙キリスト意識の使者として、ヨハネのエネルギーが地上に現れ、ゲイトを開き、皆を導き、そして皆（主にはそのハイアーセルフ）が、この宇宙の創始のゲイトを超えて、新

たなアセンション宇宙へとつながっていきました。

次の項では、そうした体験をしたライトワーカーたちの「二〇一二アセンション・レポート」（日記）の中から、いくつかをご紹介します。

二〇一二レポート

この項では、二〇一二アセンションの始まりから最後まで、トータルで、可能な限りそれをMAXで体験し、実践したライトワーカーたちのレポート（日記）をいくつかご紹介します。

皆さまも参考にしていただき、ぜひその成果をGetしてください！！！

「真の幸せの扉を開く」　幸代

二〇一二年にいったい何があるのだろう！？ 自分は、どんな二〇一二年を迎えるのだろうか！？ それは、アセンションという言葉を知った数年前から、とても気になっていた事でした。

そして、二〇一二年元旦は、大きな期待と共に明けました！「とうとう来た～！！」という感じでした。

それは、真のワクワクのはじまりでした。

私達は、二〇一二年という時をこの地上で、そしてこの日本で迎えるために、どれほどの永い時を過ごしてきたのだろうかと思います。

今、思い返してみれば、この時のために今までの全てがあったのですから、ワクワクしないわけがないのです！　地上セルフは、まだ何も思い出していなくても、魂のレベルで全てを理解し、この二〇一二年、アセンションの本番の始まりに、本当に心からの喜びと幸せを感じていたのだと思います。

そして、アセンションの法則に則り、アセンションのアカデミーで学びながらライトワークする日々は、とても素晴らしい体験でした。

まだまだ未熟な私は、時には気持ちが落ちてしまう時もありましたが、Ａｉ先生をはじめ、担当ファシリテーターの多大なるサポートにより、必ずまた上がり、そして、落ちる前よりさらに上へあがり、その度に「アセンションする！！」という意志が、強く、不動のものになっていきました。

そうして、あっという間に一年が過ぎ、気が付けば自己の毎日が愛と光に満たされ、自ら愛と光を発していると感じられるようになってきました。

そして、その経験をさらに人に伝えていきたいと思うようになりました。なぜなら、この道は、幸せの道であり、誰にでも、その意志さえあれば歩むことができるからなのです。

ただ、愛に成ると決め、それを実践することで、全ての人が、自己の本質である、愛そのものに戻って行く事ができるのです。

宇宙の法則はとてもシンプルで、アセンションは私にも、そして誰にでもできるということを、身をもって体験しました。


私の二〇一二年は、まさに愛と光そのものであり、幸せと歓喜の一年でした。

ハートを開けば誰でもそのエネルギーを感じ、自己の現実もまた愛と光で満たしていけるのです。だからこそ私は、それを伝えていきたいのです。

そして、人にアセンションの素晴らしさを伝える。それこそが私が本当にやりたい事なのだと気づき、ハイアーの想いと一つとなった時、大きくエネルギーが動きました。

Ａｉ先生と担当インストラクターの先生のサポートにより、子供たちと親子のためのアセンションの学びの学校は以前から進めていましたが、いよいよ本格的なアセンション・アカデミーの分校も開校することになりました！！

本当にやりたい事が何であるのかがやっとわかり、それをやるための準備が整いましたので、後はワクワクしながら進むのみです！

これらが、私の二〇一二年に体験したアセンションです！！

アセンションは立候補制ですので、アセンションするという意志こそが、その道への扉を開く鍵となります。そして、そのカギは常に誰でも、いつでも、持つことが可能です。

真の幸せの扉を開くかどうかは、自分次第です。

これからもますます続く、この輝く愛と光の最大の祭典に、一人でも多くの方が参加され、そして真の自己である魂が望む、本当の幸せの道を皆さまと共に歩む事を願っています！！！

「探し物が見つかった！」　沙那

信じられないくらいのスピードで、矢のように過ぎて行った二〇一二年！

そこには、アセンションのアカデミーに入学した時には想像もしなかったような、アセンションとライトワークに夢中になっている自分がいました。

しかし、やればやるほど「頂上の高さ」を思い知り、そしてやった分だけ、必ず上へと登っていると実感した一年でもありました。

アセンションは、全ての「道」と言われるものと、同じだなあと思います。
「全ての道が、アセンションに通じている」
「全ての核が、アセンションである」ということだと思います。

私は、子供のころからずっと、その道であり、核となる「本物」を探していたように思います。

アセンションを学び始めて約二年。紆余曲折を経ながらも、これまで続けてこられたのは、これが「本物」だという確信です。

「本物」だと思える先生方。魂の家族だと想える仲間。

その魂の故郷に、出会えたからです！！！

あなたの探し物は、見つかりましたか！？

「やればできる!」　愛志

皆とともに二〇一二年を迎えることができ、本当に幸せでした!!!

二〇一二年のクライマックスを迎えた時に書いたのが、この日記です。

私は二〇一二年が始まる頃に、「何かしなければいけない最も大切なこと」を探していました。すると、Ａｉ先生が書かれた『天の岩戸開き』の本に出会いました!
そして間もなく、Ａｉ先生が主催するアセンション・アカデミーに参加しました。

この二〇一二年の一年間については、表現するのが非常に難しいのですが、感じたことをお伝えします。
この一年間は、「自己と宇宙全体の長い歴史が統合されていった」と感じました!
アセンションとは、永遠無限に続くので、終わりはないと思いますが、今、これまでの自分史・宇宙史を卒業し、新たな宇宙へとアセンションしていく過程を学ぶことができました。

最初の頃は、アカデミーでの学びが壮大な内容であると感じ、ついていけるのか!?　という心配がありましたが、とにかくライトワーカーになりたいという意志は、皆さまと同じく強かったので、先生方のご指導のもと、少しずつ始めていきました。

そして、こんなに想いを分かち合える人達がいるなんて……！！　と驚き、皆さまに支えられながら、自分のできることを学び実践してきました。

日々が明るく楽しく、自由になっていきました。


ある日、ふと気づきがありました。それは「やればできる！」という、シンプルなものでした。以前には、何事も行動を起こす前に諦めがちだった自分がいたことを知りました。

自分自身を自分で制限していたことに気がついたのです。

「真に愛する」ということに制限をかけていたのです。

その制限が外れていく度に、自己の意識が拡大し、あらゆるすべてを愛で包む、愛の拡大を実感しました。

アセンションを学び、探究し、実践することそのものがアセンションなのだと感じました。


アセンションとは！？　の質問には、たくさんの答えがあると思いますが、私は「純粋に愛する」ということだと思います。

自分一人だけだと、このシンプルな答えにたどり着くのにもっと時間がかかったかもしれませんが、Ai先生の主催するアセンション・アカデミーで、回り道をせず、直通で、『純粋なる愛』『神聖なる愛』にたどり着けたと感じています。

今、私に出来ることは、ハートとハート、魂と魂で、純粋な愛を人々とともに分かち合うことだと思っています。ともに愛を発現し、愛し合い、喜び合い、支え合っていくこと。その喜びを分かち合うこと。

自分が常に愛を選択し、愛を発現し、愛を感じていれば、純粋な愛になれるのだと感じます。

二〇一二年の初めには、想像もつかなかった現在の自分ですが、Ａｉ先生のアセデミーで学んだ、この上なく大切なことは、「真に愛する」ということを思いださせて頂いたことです。

私はこれからも愛し続けます！！！

「愛の世界を創る」　佳子

二〇一二年が、あとひと月で終わろうとしている時に、この日記を書きました。

二〇一二年は、あっという間でもあり、同時に、もう何億年たったんだろう？　という感覚でもありました。

私は小さい頃から、「本当に必要な事」「大切な事」を、なぜ誰も教えてくれないのだろう？　と思っていました。

そしてＡｉ先生のアカデミーで学ぶことは、正に本当に学びたい内容でした！

毎月、高次のサポートを感じながら、アカデミーの皆さんと共に学び、サポートし合い、絆を深めながら、エネルギーを創造していきました。


また、小さい頃から、皆が平等で、皆が純粋な子どものような世界を創りたいと思っていましたが、Ａｉ先生のアカデミーの中は、私の求めていた世界でした！

皆が、愛の世界を本当に実現するという志を持っていて、愛の絆でつながっている、本当の家族に出会えました！！！


今は、愛の世界をどうやって創っていけばいいか？　についても学ぶことができ、やっと本当に今生で、やりたいことができる！　実現する時が来た！　と、胸が熱くなり、高鳴っています！！！

そして、命を懸けてまで成し遂げたいことが、やっとできる歓びでいっぱいです！！！

この歓びと感謝を胸に、これからは、一人でも多くの人に、今生、生まれてきた目的を思い出してもらえるよう、命を懸けて実働し、宇宙のアセンションに貢献して参ります！！！

「オヤジのアセンション」ひろし

私が、この日記を書いた二〇一二年の年末は、まだアセンションを学び始めて、たったの三か月！（汗）でした！！
ゆえに皆さんほどアセンションが進んでいませんでしたが、自分のような、ただの「オヤジ」？でも、アセンションができる事がわかりました！！！

ですから、特に私のように、ただの「オヤジ」？（笑）だと思っている人たちに向けて！自分なりの「二〇一二アセンション日記」書いてみましたので、ご一読いただけると嬉しいです。

「アセンション」という言葉を生まれて初めて聞いたのは、約一年半ほど前でした。
私の嫁が、Ａｉ先生のアセンション・アカデミーに参加していて、アセンションに「熱中」していたからです！！！しかし、元々いわゆる「スピ系」に全く興味がなかった私には、「全く関係のない事だ」と思っていました……。

そして、「そのうちに嫁の熱も冷めるやろ！」と放っていましたが、アセンションに対する嫁の熱は、冷めるどころか、ますます「熱中」から「激熱」へ！！？（笑）

この競争社会で五十年、家族のために必死で働いてきた自分（オヤジ）には、その「激熱」の「意味がわからん？？？」（笑）

そこで、その真相を知ろうと、自分なりにいろいろな書物やネットで調べてみたのです！

すると、キーワードらしきものが、いくつか浮かび上がってきました。「次元上昇」「弥勒の世」「光の世界」……等々。

ますます、「？？？」になりました（笑）（映画のマトリックスや、ＳＦの世界かな？と）。

そしてとうとう、真の意味が知りたくて、私も、自ら、恐る恐る（笑）「アカデミー」に参加したのです！

そしていろいろと学んでいくうちに、その「真の意味」がわかったのです！！！

すべての存在は「愛」から生まれた。

「幸せに成るために生まれて来たんだ！」

「恐れのために生まれて来たのではない！」

みんなが「恐れ」を手放し、「愛」を選択すれば、戦争・貧困・環境破壊のない「キラキラの地球」に成る！

みんなで創る！　「愛に還る」ことなのだと！！！

今はオヤジの私も、中学生の時代に、「なぜ生まれてきたのか？」と思っていたことも思い出しました。
そして、その答えも解ったような気がしたのです……。

この歳になって「愛」を語るのは、少し恥ずかしかったけど（笑）、私、オヤジは、「愛」を発信していくことに決めました！！！

すべての存在の「光」（愛）だけにフォーカスし、自分も「光」だけを発現しようと、常に「意識」をし始めました！！！

すると、自身の「内なる変化」が起こったのです……！！！
マイナスのエネルギーを出していた時より、「愛」のエネルギーを出している時のほうが、「とても幸せでいる自分」がここに存在している！
「自分の幸せは相手の幸せ」「相手の幸せは自分の幸せ」贈る思いが、贈られてくる！
自分の「意識」を変えるだけで、こんなにも「住む世界」が変わる！

これが「アセンションそのものだ！」と！！！

楽しいことしか起こらない、「ワクワク」の毎日！！！

こんな人が増えていけば、本当に、「幸せだけの世界」に成るのでは！？　という、以前の半信半疑から、「確信」に変わりました！！！

みんなで「キラキラの星」を創る！！！

その思いで、今、「ワクワク」の毎日を過ごしています！！！

「愛とは勇気」！！！「道は愛に始まり愛に終わる」

これからも「愛全開ＭＡＸ」で、突き進んでいきます！！！

「鏡の中の自分」　あめのひかり

二〇一二年の年末。Ａｉ先生のアカデミーに参加してから、約二年が経ちました。

最近は、アセンションに関する気軽なお茶会や、イベントなどを通して、アセンションについて「お伝えする」ことも増え、多くのことを学びました。

それは、「相手という鏡の中に、自分を観る」ということです。

日本神話で、天照皇太神が、ニニギの命に「この鏡を私だと思いなさい」と神勅をくだす場面がありま す。鏡の中に映るのは、自分の姿。自分の本体とは、神の全き分御魂。

伝える相手の中にも鏡があり、その中にもまた、自分の姿が映ると感じます。

アセンションとは、「本来の自分に戻る」「思い出す」ことであると感じられますが、「自分自身が愛の分身であること」であるとも感じます。

そしてそれは、「その鏡に映る、すべてのものを愛すること」。

すなわち、真の意味で、すべては一つの根源から生まれた同じものである、と体感することだと感じます。それが、神様の視点ではないかとも感じます。

そのような時、相手とエネルギーを共有し、中今を創造しているのだという、とても大きな幸福感に包まれます。それこそが、愛、光、絆、幸福感、ワンネスではないかと……！！。

様々な言葉で表現され、体感される、宇宙の偉大なエネルギーだと感じます。

それをただ、共有し、拡げていくこと。それが自分にできること。

アセンションとは、特別なことではなく、その意志さえあれば、誰もができること。

そして、みんながそのために生まれてきたのだと、強く感じます！！

みんなが、みんなの幸せのためにできること！！

それがアセンション＝ライトワークだと感じます！！！！

宇宙中の幸せを願って！！！

「すべてを愛するために」　晃子

二〇一二年八月に、Ａｉ先生のアカデミーに入学し、一ケ月ほど経った頃、私の今生の初めての大きなシフトがありました！！！

それは、「私はすべてを愛するために生まれてきた！！！」と思い出したことでした！！！

それはとても自然で、至福に満ちたものでした。ウルウルで、とてもとても幸せでした！！！

担当のファシリテーターの先生や、共に学ぶ根源の家族の皆さんと出会えたことの喜び、あふれる感謝、至福体験がどんどん増えてゆき、他の人のために動きたい！　という気持ちが強くなりました。

今ここにいることがとても幸せです！　それまでとは全く違う自分がいると感じます。
それほどに、アカデミーに入学したことが大きな転換期となりました。
導いてくれたハイアーセルフに、心からの感謝を贈ります！！！

「すごい日戸《ひと》たちと出会った！」　まさと

私は二〇一二年の後半、八月頃に、母と共にＡｉ先生のアカデミーに参加しました。

二〇一二年年末のクライマックスに、この日記を書いている今、こうして日々ワクワクと、宇宙のために、すべてのために、全力を尽くして実働できることの嬉しさを、全身で体感しております！　すべての存在と、大宇宙に愛と感謝を感じます。

「すごい日戸《ひと》たちと出会った！！！」

私のアセンションは、二〇一二年の半ばを過ぎたある日、この母の一言から始まりました。

その母のテンションの上がり方が半端ではなかったので、「面白そう！　自分もやらなくてはいけない気がする！」と、何も分からずとも、ワクワクの赴くままに、アセンションのアカデミーに入学しました。

今思えば、ハートのセンサーが反応していたのだと思います。

まさにヘッドスライディングという感じでした！

それから二〇一二年の年末までは、たったの三カ月ほどでしたが、それはそれは、怒涛の期間で、自分史の中でも三百年分ぐらいはあったのではないかと感じます！！！（笑）

まず、今までの付き合いの人脈ががらりと変わりました。

そして「全宇宙のため、アセンションを今こそ成し遂げるため！　それをしたいために生まれてきたのだ！！」という使命を明確に確信しました。

知れば知るほど面白く、この世界こそが自分のやりたいことであり、ミッションであると感じました。そしていてもたってもいられず、ワクワクを抑えられずに、気づけば仕事を変えていました！（笑）

ファシリテーターの方々や、同じ志の仲間とともに勉強を進めていくにつれて、神聖なる愛に見守られていたのだということに日々気づかされ、胸が熱くなる連続です。

「全宇宙のためにこの身を捧げる意思はあるか？！」ということに関しても、壮大なる宇宙のための一助になれるのなら、全身全霊を捧げる勢いで、アセンションの道を突っ走りたいと思います。

宇宙史最終で最大のクライマックスの今、一人でも多くの人に伝えたい！

そして全宇宙のために、今自分が全身全霊をかけて尽くせることが、私にとっての至極の喜びです。

（この日記を書きながら、そのことをまた再確認して、ウルウルでいっぱいです！）

地球と人類のアセンションを、絶対に成功させるため、内なる目覚めと奉仕とともに、積極的に愛を発神し、一人でも多くの人をアセンションへと導くお手伝いをしたいと思います!

「目覚め」　さとこ

私は二〇一二年の八月に、息子とともにAi先生のアカデミーに参加しました。

この日記を書いている二〇一二年の年末に振り返ると、自分が「揺り起こされて、慌てて目覚めた学生」のように感じました!


そして私のアセンション・ゲイトが開きました。

それまでの私は、「アセンション」という言葉は聞いたことがあっても、それは、関心のある方々にお任せしようというスタンスでした。

最初に受けた担当ファシリテーターの先生のセッションでは、三次元的な問題を二つ掲げたのですが、二か月経つと、両方の問題が消えて無くなっていました。

生きるということが、これほどまで変わるものか!「こんな世界があったんだ~!!」と、息子と二人

（最近では主人も！）、歓喜とワクワクの感情を確認しあっている毎日です。

これまでも、スピリチュアルなことに関心がある仲間と集い、寝食を共にした経験はあったけれど、なぜかその場限りのイベントで終わることが多く、次につながることもなく、人と人のご縁もその時限りという場面がほとんどでした。

しかし、A・i先生のアカデミーのメンバーは、宇宙の家族の愛の絆で深く結ばれ、真のやすらぎを覚え、同じミッションでつながっている。

その家族と、今の地球で、そしてこの日本で再び出会えた！

この魂の歓びは言葉にすることができません。

ただただ、「愛と光」のみを見つめ、ライトワークに専念できる幸せを実感しながら、導いてくださったハイアーセルフに感謝すると同時に、またこれからのさらなるアセンションに向けて、全力でがんばっていきたいと思います！！

「神聖なる歓喜」　虹絵

私にとって、二〇一二年の一年間は、『神聖なる歓喜』そのものでした！！！

それは魂の奥から、光輝きながら湧き上がる歓びでした。

この歓喜は今も拡大をし続け、これからも拡大し続けていくであろうという確信があります。


アセンション・アカデミーを通して出会えた仲間たち、先生方、高次の皆さまとの愛と光のコラボや学びを通し、本当の自分に還ることができました。

それは、「すべてと一緒に地球まるごとアセンション」という、本当の自分の目的を思い出すことでもありました。

自分の原点に還り、新しい始まりを迎えたようでもありました。


今、自分の宇宙史上、いちばんやりたかったことをさせていただいている、その歓びでいっぱいです。

すべてへ、無限大の愛と感謝を贈らせていただきます。

これからも、歓喜とともに、自分の持つ、すべての愛と光を、地球中に、宇宙中に拡げていきます。

「魂のアセンション家族の絆」　赤丸

皆さんの日記を読んでいると、ワクワク元気が出てきますね！

やっぱりアセンションってワクワクなんですね！（笑）

二〇一二年を振り返ってみると、もの凄く濃密な一年であったと感じます。

私は二〇一二年三月から参加させていただき、楽しく取り組んできました。

特に自分にとって、アカデミーの二〇一二年のテーマのひとつの『神聖なる女性性』は重要であると感じました。

これについては、担当ファシリテーターの先生と、メンバーの神聖な女性性のエネルギーの助けもあって、その心、エネルギーを体験し、大分成れたという実感があります。


神聖なる女性性というテーマの中には、ポジティヴに生きるというエネルギーがたくさん流れているように感じました。

ネガティブな発言やエネルギーは、神聖な女性性というものの中に一切入っていないように感じます。

私の感じる神聖なる女性性は、『清く美しい』心、エネルギーといった感じです。

特に、アカデミーで六月から始まった根源太陽神界の二十四次元ワークは、とても神聖で、かつ女性性をとても伴ったワークであると感じていたので、その実践を通して、ますますその心を身につけていけたと思います。

それは、もともと潜在的に自分が持っていたエネルギーであったから、内にある神聖な女性性を感じ、それを表現できたのだと思います。

贈ったエネルギーが、還ってくるということだとも思います。


その神聖な女性性という高次元のエネルギーを、表現できるようになっていくということも、重要な高次との統合＝アセンションであると感じます。


そして、その他様々な学びやワークを経て、二〇一二の後半に感じたもうひとつの大きなことは、「メンバーとのコラボ」の重要性と、そのエネルギーです。

高次で起こっていることは、言葉では表現しきれませんが、メンバーが集まって一緒にいる時の心地良さと楽しさは、まさに高次元と地上の協働創造であり、真に無限のエネルギーを生み出していくのだと感じられました。

それは『魂のアセンション家族の絆』と呼べる、素晴らしいエネルギーです。

これは、宇宙史の最高の贈り物とも感じています。

まさに自分史、宇宙史の集大成として、この愛と光を宇宙に拡大させながら、魂のアセンション家族の絆の中で、二〇一二アセンションのラストスパートを、皆でともに完走していった一年でした！！！

「二〇一二アセンション・プロジェクト」ジャーニー

二〇一二アセンション・プロジェクトは、トータルでは、宇宙史のすべてを含む、超膨大な動きであったと感じました。

それは、根源の神界の主導と、すべての高次のサポートによる次元上昇。

そして地上の我々子供たちが、毎月、ひとつずつ次元を上昇していくことによって、地球の集合意識を上昇させていくという、宇宙史上、初で最終の、超壮大なアセンション・プロジェクト！！！

それを皆で共に歩むことができたことに、心からの喜びと感謝を感じます。

ワクワクかつ多忙の中、アカデミーで私が担当するコースの皆さんの勉強会も毎月開催することができ、皆さんとのたくさんのコラボもできました。

地球とライトワーカーたちの次元上昇とともに、根源の太陽の愛のエネルギーと絆が、地上に拡大していくのを感じました。

二〇一二年全体を一言で言うと、愛と絆と根源の光であるとしか表現できません。

無限の幸せ、そして神聖な二〇一二アセンション・プロジェクト！！

この成果を元に、これからますますの地球と人類のアセンションを目指し、二〇一三年も、進化成長していきたいと思います。

「歓喜の絆」　明美

二〇一二アセンション・プロジェクトの全体は、(ハイアーセルフレベルの) 集合意識を、五次元から八次元のアベレージまで上げて、地球と人類が共に、ナルニアのような新 (真) 地球へとつながっていくことが重要な目的のひとつであったと感じます。

そのために、ハイアーセルフレベルでは、十二次元までのつながりの創造と、ゲイトの通過が必要であり、我々はそのために、ワクワクと一年間、がんばったと思います！

私にとっての二〇一二年は、宇宙史を走馬灯のように観ながら、地球に来る時に誓った、今生のミッションの始動のために、自己の宇宙史を統合していった一年であったと感じています。

二〇一〇年十月にＡｉ先生のアカデミーに参加してすぐに、自分がどこから来たのか！？

そして、その目的も思い出したのですが、それを地上において、どのように形にしていったらよいのか！？　という探求が、ずっと続きました。

二〇一二年は、一ヶ月毎の数霊のエネルギーと合わせて、一次元ずつ上昇していくというＡｉ先生のサポートとエネルギーの中で進んでいきました。

そして私自身も、その毎月のシフトの流れに乗って来たのだということを、今、振り返ってみて、改めて気付きます。

その内容の濃さは、渦中よりも、振り返ることでより深く感じてきますので、こうしてアセンション日記にまとめることも、重要な意義のひとつであることが分かってきます。

二〇一二年の前半、二月から三月は、ハートを全開ＭＡＸにし、五次元の波動にしっかりと成っていくことに、本気で取り掛かりました。これを達成しない限り、地上セルフが地球にいる意味が無い！　と、真に感じたからです。

絶対そう成る！　という意志が、ハートの全開の状態を保つ秘訣であり、毎瞬の選択の繰り返しによって、常にハートを全開に、そして五次元の状態で居続けることができるということが分かりました。

それらを、Ａｉ先生のサポートによって、ワクワクというエネルギーにフォーカスしながらできたことが、これまでとの決定的な違いであると思います。

ハート全開の世界を実感させて頂けるからこそ、地上セルフもがんばれました！

四月から七月には、太陽と水の融合を感じました。

地球が太陽であった頃の創始の地球のエネルギーなのだと感じました。

そして、神界と宇宙の母、父、子の三位一体が、すべてのひな型であり、幸せの原型であるのだと感じました。

その後、個人的に肉体の変容が続き、器としての準備が進んでいると感じていました。

八月のアカデミーのセミナーでは、「地球を卒業して、太陽系へ！」というテーマで、Ａｉ先生から、数億年分のエネルギーが贈られました。

そのイニシエーションの膨大なエネルギーに触れて、地上セルフはしばし思考停止状態になりました（笑）。すぐには、何が起きているのかを捉えきれずにいました。

ハイアーの歓喜とは別に、地球と太陽のエネルギーの違いに、地上セルフが目を回している！　そんな状態だったと思います。

九月に入ると、明確に地上セルフのエネルギーもグラウンディングしたのが分かりました。「目が醒めた」という感じでした。日と水が統合してきた感覚だったかもしれません。

十月には、アカデミーで、神話の故郷へのアセンション・ツアーがありました。それは神話の世界の再体験でした。

根源の記憶を持つ家族が、そこへ集結すること自体がレジェンドであり、そこへ参加できたことは、自己の究極のハイアーセルフである御神体のレベルでの歓喜でした。

それは、明確に五億年前の約束を思い出して、必ず、地球維神をやり遂げるという士気を高めるための、高次のお計らいであったとも感じています。

十一月から十二月にかけては、十二次元ゲイトの通過へ向けて、地上セルフのラストスパートが始まった感じでした！

二〇一二アセンション・プロジェクトの本番がスタート！

たくさんの素晴らしいシフト、ワーク、セレモニーがありました。

宇宙のすべてのために、自己のすべてを捧げる！　と誓った同志が、日本中で集結する度に、新宇宙のアカシックが創造されていったように感じました。

そして、高次とＡｉ先生いわくの「仮免（ダー）！？」ながらも、皆で一丸となって、何とか（主にハイアーセルフは）十二次元ゲイトを無事に通過（逃げ切り！？）しました！！！（笑）

それは、本当に素晴らしい、歓喜の絆であった！！！　と感じています。

十二月二十三日のセレモニーで撮影した夕日が、クロスの形となって写りました。

こうして、二〇一二アセンション・プロジェクトの中で、共に過ごさせて頂いた一年は、私にとっても、とてつもなく濃密な一年であり、アセンション＝神化を、毎瞬、実感できるほどのものでした！

この一年を、この先何年もかけて、じっくりと解凍していくことが、今後重要であると感じています。

「道は、愛に始まり、愛に終わる」

Ａ・ｉ先生と高次がおっしゃるこの格言に尽きる二〇一二年でした！！！

Ａ・ｉ先生、根源家族の皆さま、全てを統合した中今から、ありがとうございます！！！

――皆さま、いかがでしたでしょうか！　二〇一二アセンション・プロジェクトの全体的な動きとエネルギーについて、ある程度感じていただけたのではないかと思います。

次の第二章では、いよいよ、二〇一三アセンションとは！？　そのポイントとは！？　等について、詳しく観ていきたいと思います。

第二章

二〇一三アセンション

五十鈴川

二〇一三アセンションとは！

この第三章では、いよいよ、「二〇一三年とは！？」「二〇一三アセンションとは！？」について、その全体とトップ&コアを、できるだけ詳しく観ていきます！！！

皆さん、「二〇一三年」とは、どのような年だと思いますか？　ある程度、漠然としたイメージを持っている人もいるのではないかと思います。

多くの皆さんがまずイメージするのは、伊勢神宮の式年遷宮ではないでしょうか！？

二〇一三年には、伊勢神宮で二十年毎に行われる遷宮祭がおこなわれ、皇室の御祖神であり、私たち日本民族の大御親《おおみおや》の神でもある天照皇大神が、新たにつくられた神宮内宮御正宮の新殿へ遷御されます。

そしてこれは、様々な観点で、とても重要な意味を持っています。

日本に住む、私たち一人ひとりにとって。そして日本人全体、日本全体にとっても。

一人ひとりと全体の動きと、そのエネルギーの象徴であるとも言えます。

そして一人ひとりと全体の集合意識も、そこにフォーカスされ、日の本として「ひとつ」となっていきます！！！

※古来からの預言には、日の本に住む私たちは、地球全体のアセンションの重要な鍵を持っているとあります。大いなる潜在能力を持っていると言われます。
そして、そのエネルギー、力が「ひとつ」となった時！！！
どれほどすごいものとなるでしょう！！！

このように、観方によって、フォーカスによって、ますます重要な意味となっていきますので、ぜひ皆さん意識を向けて、そのエネルギーを体感していってください！

そしてまさにトータルでは、この伊勢神宮の「遷宮祭」が、「二〇一三とは？」「二〇一三アセンションとは？」を、最もよく表している象徴のひとつであると言えます。

——では引き続き「二〇一三」について、より詳しく観ていきましょう！！！

※「二〇一三アセンション」の、トータルとトップ＆コアのアカシックの主な要点をまとめると、次のようなものです。

● あらゆるすべての「真」なるもの、「新」なるもの、そしてその「核心」が現れる！！！（一人ひとりも全体も）

● 「二〇一三」は、これまでの、一人ひとりと全体の「すべての統合」の現れであり、ここから先の未来の「ひな形」となる！！！

● 特に日本に住む一人ひとりと全体の「二〇一三」、これからの一人ひとりと日本、地球全体の、すべてのアカシック（の存続）がかかっている！！！

● 高次では、二〇一二までが、一人ひとりと全体の旧宇宙史のすべての総合・統合。二〇一三からが、新アセンション宇宙の始動である（※そこに合わせなければ、宇宙の動きと合っていかない）。

● 宇宙の高次では、二〇一二までに、十二次元までつながり、統合していることが本来必要である。何故ならば、二〇一三のアセンションのトップ&コアは、十三次元までのつながりが必要となるからであり、その最もトップ&コアで受け取れる内容が、真・新十三次元に関わるものだからである。

● そのための最短コースは、アセンションのすべての基礎と同じであるが、まずは真にハートセンター=【愛】を活性化させることである！！！

● それが、真・新の十三次元に直通でつながっていく！！！

● 何故ならば、新アセンション宇宙は、真には三十六次元からと言えるが、そこへつながるゲイトが、二〇一三年には、十三次元に設置されるからである。

● そして前述のように、できる限り、十三次元までのすべての次元を体得し、真に十三次元につながっていく必要がある。

● 二〇一二年までは、一人ひとりと全体のハイアーセルフ連合を含むすべての高次のサポートが、ほぼ一〇〇パーセント近く（約九十パーセント）あったが、二〇一三年は、「五十パーセント」となる！

●それはすなわち、一人ひとりと全体の「地上セルフ」に、残り五十パーセントのすべてがかかっているということである！

●二〇一四年からは、高次からのサポートは「十パーセント」となり、「地上セルフ」に残りの九十パーセントがかかってくる！

※すなわち、「二〇一三年」に、できる限り一人ひとりが、永遠の本体である「ハイアーセルフ」との真の一体化を進める必要がある！

※それがまさに神人一体への道であり、「二〇一三アセンション」の最も重要なトップ＆コアであり、奥義である。

——「二〇一三アセンション」の、トータルとトップ＆コアのアカシックの主な要点のまとめは、だいたい、以上のようなものです！！！

※そのためのベーシックなノウハウについては、次章で詳しく観ていきます。そしてマルヒの奥義！？や、ヒント！？についても、本書の全体にちりばめていきますので、ぜひＧｅｔしてください！！！

※次の項では、我々のアセンション・アカデミーにおける、二〇一三年前半の公式セミナー（メンバーオンリー）の内容を、できるだけ皆さんとシェアしながら、「二〇一三アセンション」とは！？　についてや、二〇一三前半の動きについて、より詳しく観ていきましょう！！！

二〇一三の動き

本章をまとめている現時点は、五月中旬です。ここまでの動きでも、皆さん、特に二〇一三年は、太陽活動の活性化、地球規模の地殻変動の活性化、世界中でのテロの多発等、様々な動きや問題を、ニュースで度々聞いたり、感じたりしているのではないかと思います。

そのトータルは、やはり前述の、「二〇一三アセンションのアカシックの主な要点のまとめ」のような内容になると思います。

こうした動きや問題が表に出て目に見えるようになってきたのは、主に日本における「二〇一三年度」のスタート、すなわち四月頃からであると言えます（より厳密には四月十三日から）。

しかし実は、大きな問題の第一弾は、二〇一二年の年末頃から発生していました。

それについては、次にご紹介する我々のアカデミーの一月の公式セミナーで、約二百人のご参加者にお伝えした内容で述べられていますので参考にしてください。

ここでは「二〇一二〜二〇一三にかけての動き」について、そして「二〇一三アセンションとは！？」の第一弾も述べられていますので、参考になると思います。

『二〇一三年　神年』公式セミナー　一月十三日（講師：Ａｉ）

根源家族の皆さん！

本当に素晴らしい二〇一二アセンション・プロジェクトとなりましたね！！！

二〇一二アセンション・プロジェクトは、ガイダンスのように、主にはハイアーセルフレベルのワークが主でしたが、予定・予想の一千倍の成果となりました！！

本当に素晴らしい二〇一二年、そしてアセンション・プロジェクトでした！

私も、そして高次全体も、トータルの感想としては『楽しかった！』であり、皆さんもそうだと思います！！！

すべての予定を完遂し、さらに一千倍くらいの成果！！

十二月の年末には、シャンバラとスピリチュアル・ハイラーキーのマスター方から、「本当によくやった！！！」と、たくさんの勲章！？　をいただいた感じがしました。

そして、二〇一二に活躍したライトワーカーの皆さん全員が、無事に（仮免ダーですが！？〈笑〉）、二〇一二アセンション・ゲイトをくぐったと思います。

※……が、しかし！（何だと思いますか？）

高次、ハイアーセルフ、そして一部のライトワーカーだけはＯＫ（牧場？）ですが、地球人類の集合意識全体のアセンションとしては、ますます大きな課題となっているのです。

各界でも、遅くとも二〇二〇年までに地球全体が真にアセンションしないと、地球が保たないと言われています。

※これが二〇一二の問題（ツケ）であり、二〇一三年からのライトワーカーの重要なテーマの一つでもあります。

そして！　ライトワーカーが地球に来た理由、存在の理由の重要な一つでもあります！

では、ライトワーカーとは!? それはいわゆるウイング・メーカー(未来から来て歴史を修正するチーム)や、我々が言う「根源家族」と同じであると思います。

その存在の意味とは!? それは様々であると思いますが、重要なことを明確にすると、次のようなものでしょう。

一、根源家族が存在しなければ、中今の地球も、旧宇宙も、存在しない!

※なぜなら、宇宙と生命の目的は、進化=アセンション=神人を生みだすことであるから!(それが究極のウイング・メーカーである)

二、ゆえに、根源家族がいなければ、二〇一二年以降のアカシックも存在していない。

三、それが、日の本に生まれてきた、すべての核心の意味、『日本と日本人のミッション』『神人』につながるものである。

ではここで、超重大発表をします！

二〇一二アセンション・プロジェクトの成功、そして二〇一三年のアカシックが存続している、最も重要な理由とは何でしょうか！？

それはまさに、二〇一三年からの、地上セルフの「一千年」、そしてハイアーセルフの「一千億年」のミッションとイコールであり、そのものとなっていくのです！！！

それは実は、二〇一二年十一月上旬に、高次ですでに決まっていました……！

二〇一二年十一月上旬頃、全地球、全宇宙の高次と、一部のライトワーカー以外の集合意識は、二〇一二アセンションに行き詰まり、進退きわまっていました。

このままでは、地球と宇宙で二〇一二アセンション&プロジェクトが完遂できず、二〇一三のアカシックもない……と！

そこで、根源神界と、すべての高次と、高次と地上のライトワーカー、そしてすべての集合意識との対話が行われたのです。

――その対話の内容は、どのようなものだと思いますか？

そしてその結論、答えとは、どのようなものだと思いますか？

それは！！！

【地上で、一〇〇〇年続く、アセンション・アカデミー！】

【高次で、一〇〇〇億年続く、アセンション・アカデミー！】

（別名、「一〇〇〇年女王」アカデミー！？）

※すなわち、「地上で千年、高次で一千億年かかっても、最後の一人まで、アセンションをサポートする！！！」

という、ライトワーカー、そして皆さんのすべてのハイアーセルフ連合、そして高次の決意なのです！！！

※これによってのみ、二〇一二年末に崩壊しかかっていた地球と宇宙の時空・アカシックが、存続しているということなのです。

そして！！！

※この「決意」そのものが、二〇一三アセンションのトップ＆コア、奥義、イニシエーションにつながるものなのです！

十三次元とは、主に、「聖母庁」の次元であると言われます。
すなわち、宇宙の高次の「母性性」のトップ＆コアである、ということです。
すべてを育む意識とエネルギー。
（＊その究極は、「キリスト」を生み出す源であるとも言えます）

それがまさに「一〇〇〇年女王」という呼び方に表されているのです。

「地上で千年、高次で一千億年かかっても、最後の一人まで、アセンションをサポートする！！！」

それを見守り、育んでいく宇宙の高次の母性性の最初のトップ＆コアの次元です。

ゆえに、十三次元につながる、十三次元のゲイトを超えるということは、その本質を理解し、体得し、少しでもそこに近づいていくことであると言えます。

——以上が、一月に行われた公式セミナーの中での、主な内容です。

そしてこの内容を実践すべく、二〇一三アセンション・プロジェクトに基づいたプログラムで、二〇一三のアカデミーが始動していきました！！！

（その内容については、第三章と第四章で、詳しく述べていきます）

アカデミーでの学びと実践を進めていく中で、次のような重要なシフトが、二月に起こりました！！！

二月の公式セミナーの中で伝えられたことを、ご紹介したいと思います。

二月十日に、まずはアセンションに関わる当日までの中今最新の動きが伝えられ、翌十一日には、恒例の「地球維神」大会が行われました。

「地球維神」大会では、和気あいあいで気愛全開ＭＡＸのコラボとなりました（皆さんからの今年の地球維神のコンテンツは、次の項でご紹介します）。

「地球維神」大会の勉強会では、今年のテーマを「神事アカデミー」「御神歌アカデミー」として、専門的な特別講座の第一弾を行いました（その成果の一部は第四章でもお伝えします）。

※そうしたすべての成果で、二月十一日の後半から、なんと【宇宙史上初】の、素晴らしい動きがありました！！！

その内容は、九十二ページから九十五ページに述べられていますので、参考にしてください。

『二〇一三年　二月』公式セミナー　二月十日（講師：Ａｉ）

《第一部》「最近の集合意識について」

新年、年明けの一月十三日の公式セミナーでお話しましたように、特に二〇一二年後半から、一部のライトワーカー以外の、地球人類（特にマイナス情報等に影響されている人たち）の集合意識は、様々な面から観て、良くなる要素がほとんどありません。

三次元だけで見ると（三次元で見るから！）、夢も希望も無い！？

※ゆえに、常に高次とハイアーセルフのトップ&コアにフォーカスをして、そのような影響を受けないようにし、トップ&コアから集合意識へ、エネルギー伝達をする必要があります。

それには様々な要因がありますが、メインはズバリ、「二〇一二アセンションができなかった！！」ということであると思います。

これも、ハイアーセルフは分かっていますが地上セルフは分かっていないので、さらに問題です……。

※一般の人たちは、アセンションの情報を知らないのでまだ仕方がないと言えますが、少しでも知っている人は特に問題です。

大陸の古代の格言（帝王学）に、「知らないのは罪ではない＝知っていると罪！」というものがあるそうです。

※自己の本体である魂レベル以上は永遠の存在ですから、地上に来た本来の目的を忘れて遂行しないというのが、どれほど大きな問題であるかを考えてみる必要があります。

さらにそこには、宇宙創始、地球創始からの、今回と同様の大きなアセンション時に失敗した、トラウマ等も重なっているようです……。

しかし、根源家族の皆さんはよくご存じのように、中今ほど重要なアセンションは、宇宙史上初めて！！！

ですから皆さん、ハイアーと地上セルフもスッポンで、（仮免ダーであっても！）ワクワクと実践し、進んでおり、超素晴らしいことですね！（パチパチパチパチ～～～！）

そして！！！

常に、無限で永遠に重要なのは、『真のアセンション』であると思います！

根源家族の皆さんは、ほぼ全員、それぞれのレベルで、体験していると思います。
それを常に中今で、明確にしていくことがとても重要です！！！
その体験と探求が、無限で永遠のアセンションそのものとなっていきます。
そしてそれを多くの皆さんへ向けて、体現していくことが重要です。
真のアセンションには無限のレベルがありますから、永遠、無限のワクワクですね！！！

※ちなみに！

一般的なスピリチュアル系の人が思い描く「アセンション」とは、どのようなものだと思いますか？

「ＵＦＯの大量襲来！？」「地球外生命体にＵＦＯで連れていかれる！？」

……しかし、真にアセンションして高次の波動にならないと、高次の船は観えないし、乗れないはずです（会場：大爆笑！）。

観えない船には乗れない！

さらに、高次の母船になるほど、その規模と大きさは惑星よりも大きいので、ますますエネルギーでしか観えない、感じないと言えます。

では、高次の船が地球上に正式に着陸する条件とは、どのようなものだと思いますか！？

※それはかなり以前から、高次と宇宙全体のルールで決まっており、「一つ」しかありません！！！

一、「地球政府」の樹立

※地球全体がひとつ＝ワンネスとなり、平和で全体が調和した地球政府が樹立された時。

※「開港」＝「開星」へとつながっていく。

二、地殻大変動→救助

※地球全体のアセンションが成功せず、地殻大変動等が起きた時の救助船として。

――この二つに一つなのです！！！　よく考えると、もっともなことではないかと思います。

が、しかし！

【第三の選択】があるのです！！！

それが、一月十三日にお話した、【一〇〇〇年プロジェクト】なのです。

それを観てみますと、古代から預言されてきた「至福千年紀」（ミレニアム）とは、誰かが創ってくれるものではなく、誰かがやってくれるものでもなく、私たち、皆さん、一人ひとりと皆で、真に創り出し、生み出していくものであるとわかると思います。

これは、まさに今始まったばかり、中今進行形です！

根源家族、高次と地上のライトワーカー、そしてすべての集合意識とのコラボですから、やはりすべては皆さんにかかっている、ということですね！！！

では【第三の選択】＝「地球人類全体のアセンションの可能性と方法」とは、より具体的にはどのようなことでしょうか！？

それは、『天の岩戸開き』の本にもある程度書かれています。

すべては中今のコラボですが、ひとつの「答え」があり、高次のマスター方と、我々のハイアーセルフは知っています！

それは、「我々日本に住むライトワーカーの使命」と大きくつながっています。

古代から預言されている日本人の使命と真の力についてです。

すなわち、集合意識の「ひな型」「ＤＮＡ」となるという、日本人の使命、役割と本来の力です！

「百匹目の猿」ならぬ「百人目の神人」現象と言えるでしょう！

それがまさに日の本に生まれてきた私たちの使命であり、本来の力であり、目指している神人、さらには「皇人」へ向かっての道なのです。

その本番が、いよいよ二〇一三年から始動しています！

しかし、地球人類全体と、地上の三次元のすべてが完全にシフトするためには、インナーアースや宇宙連合（ハイアーセルフ連合）の本格的なサポートが必要であり、そのためには、さきほど述べたように、惑星全体が平和で調和したワンネスとなる必要があります。

それについてもライトワーカーは、二〇一四年以降、特に二〇一六年から本格的に取り組んでいくというアカシックとなっています（地上のアカシックが続いていれば、ですが！）

新アセンション文明の創造として！

そのための創造の中心、リーダー＝ファシリテーターとなるには、アセンションのマスター、神人一体の神人、根源太陽のポータルの皇人になることが必要となるでしょう！！！

二〇一二までが、一つの（旧）宇宙紀の終わり。二〇一三からが、新・真アセンション宇宙の始まりです。

今、高次とコアのライトワーカーは、いつ地上の三次元が終わってもよい体制に、最低限は入っています（ゆえに変動等も大きくなっていると言えます）。

それだけの準備を、特に二〇一二年に急ピッチで行ってきたということです。

アセンションとは、真にはハイアーセルフのレベル＝魂レベル以上のものであり、永遠、無限です。ゆえに、万一、地上で何かあった場合に、学ぶ場所がインナーアースや母船や、他の星に移ったとしても、どこであっても続いていきます。

しかし「地上セルフ」としては、真の高次のメンバー、宇宙社会人になるためには、まだまだアセンションの学びと実践が必要ですよね！

そして！『天の岩戸開き』の本にも述べられている通り、日戸として、神人、皇人へアセンションしていくことこそが、根源太陽神界による、根源太陽神界へのアセンションの最大のマル秘であり、奥義であり、トップ＆コアなのです！！！

さらに！

可能な限り、求められる限り、一人でも多くの日戸を生みだし、
できればすべての人間が日戸となるよう、サポートしていく！！！

それが真の皇の道であり、『至福千年プロジェクト』であると思うのです。

《第二部》「二〇一三〜中今の動きについて」

二〇一三年一月十三日は、全体と一人ひとりの『新宇宙開闢《かいびゃく》』のセレモニーとなり、千年プロジェクトについての重大発表や、二〇一三年全体のアカシックとアセンション・プロジェクトを俯瞰するものとなりました。

まずはその中で、重大発表のメインであった『千年プロジェクト』について、もう少し詳細に観ていきましょう。

それは、宇宙と地球全体の集合意識に対する答えでもあり、それ以外には無い！　という答えでもあると思います。

また、高次で一千億年、地上で一千年、というのもメタファーであり、数霊でもあります。

アセンションは真には一瞬でもできますが、トータルではそのくらいかかるであろうということです。

高次へのアセンションは無限ですが、宇宙史全体のアセンションを通した主な目的・目標の「宇宙の生みの親」につながり近づいていくには、それくらいの時間がかかるだろう、ということですね。

ハイアーセルフレベルでは数年かもしれませんし、地上セルフは、数十年、はたまた千年！？

いずれにしろ、どの次元、どこにいようと、真の自己＝ハイアーセルフのレベルでは、これまでも、そしてこれからも無限に続き、そしてますますパワーアップしていくのが、真のアセンション＝進化、神化です。

そして、皆さんとハイアーセルフも実感していると思いますが、根源のアセンション・アカデミーとプロジェクトに参加している中今は、様々な意味において、これまでの宇宙史の百億年分が、根源神界と高次との学びの一年に匹敵する、と言えます！！！

これはアセンションが進むほど、より分かっていくでしょう。

中今からは、ますます、すべてがつながり、すべてが重要で、本番の本番となっていきます。

では、まずは『二〇一三』全体の意味について、重要な点をまとめてみましょう。

皆さんは、どのようなものだと思いますか！？

まずは、**真の**『**入門**』である、ということです！！！

そしてそれは、新・真アセンション宇宙の、その高次の真のメンバーとしてのものです！！！

宇宙のアセンションとアカデミーの最高峰、トップ&コア、宇宙の東大の赤門なのです。

では、次頁の図を観てください。この図は、次の内容を簡単に表したものです。

※高次から観ると、実際には、旧地球・宇宙は中今存在せず、唯一真に存在し、新アセンション宇宙＝高次＝未来のアカシックと真につながっているのは、コアのライトワーカー一人ひとりと全体の【ハート】のみなのです！！！

※ゆえに、この図の「ハート」から、「二〇一三ゲイト」のところまでのMAPが、二〇一三アセンションMAPとなっているのです！！！

そして、中今最新の宇宙の高次から観ますと、この二〇一三アセンション・ゲイトからが、真の！入門＝正規メンバーとなるのです。

新アセンション宇宙

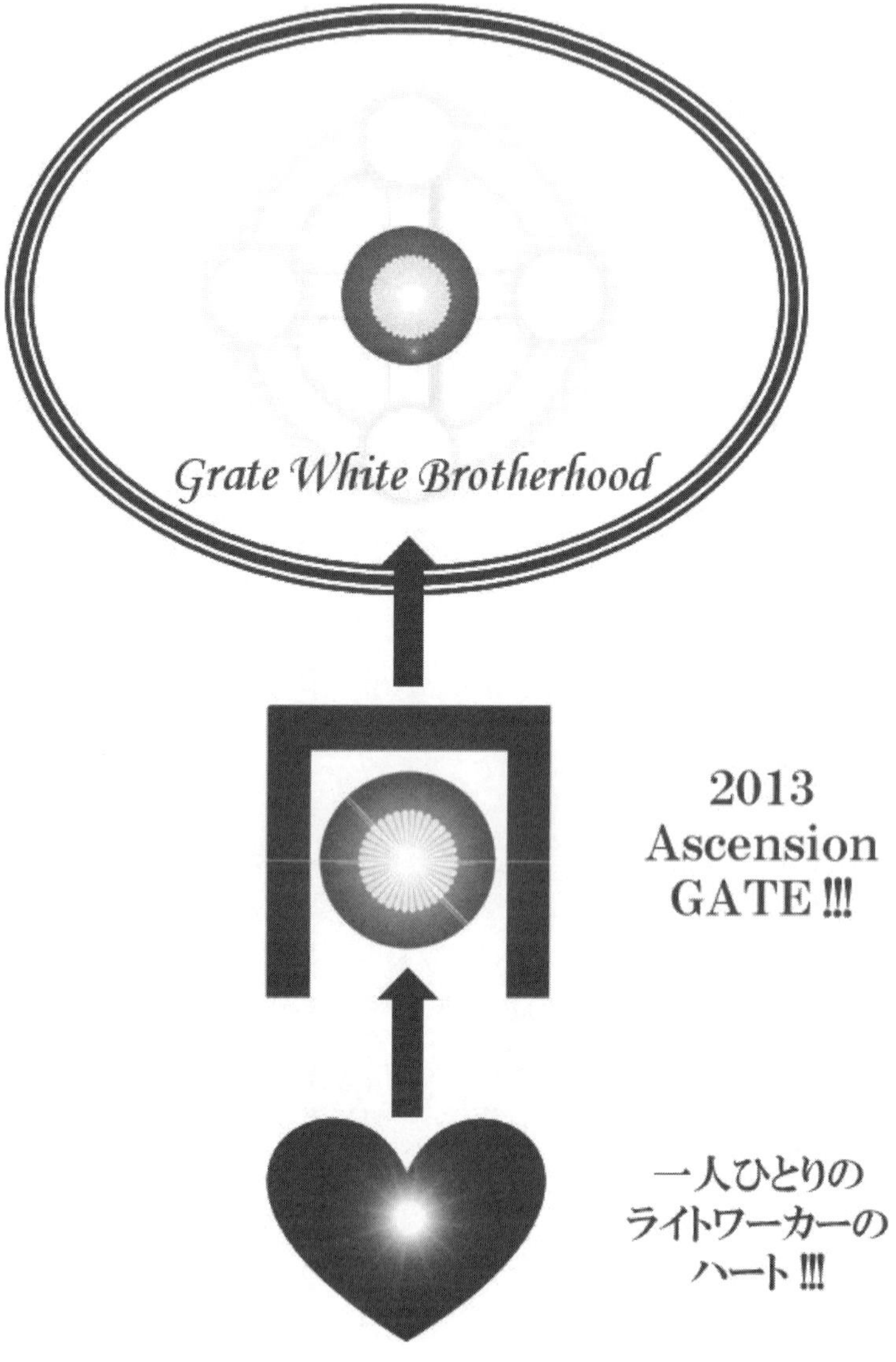
Grate White Brotherhood
2013
Ascension
GATE !!!
一人ひとりの
ライトワーカーの
ハート !!!

皆さん、ようやく、真のウエルカム！　そして「おかえりなさい！」という感じです（パチパチパチ～～～！！！）

※そして、この一人ひとりと全体のライトワーカーの【ハート】（のみ！）が、地球の中今のアセンションを、真に牽引しているアンカー（錨《いかり》）なのです！！！

さらに、「二〇一三」の二つめの重要な意味とポイントとは！


それは、二〇一三からが、一人ひとりにとっても、真のアセンションの始動！　であるということです。

二〇一二までは、ほぼ一〇〇％がハイアーセルフのレベルであり、根源神界と高次からのサポートであったと言えます。


一月十三日にもお伝えしましたように、「二〇一三」からは、分かりやすく言うと、根源神界と高次の直接サポートは約「五十％」になります！

言い換えますと、根源神界と高次への「おんぶに抱っこ！？」は、二〇一三までである、ということなのです。

皆さんもこの意味は、実はハイアーセルフを通して、感覚的によく分かっていると思います。

それは、トータルのサポートの量が減るということではありません！

これまでは、ファシリテーターや高次にエネルギーを上げてもらったり、波動を上げてもらっていましたが、これからは、自分＝地上セルフが、自分の力で、真に上げる＝真にアセンションする！　ということなのです！！！

ゆえに、二〇一三のサポートの半分は、そのためのものとなります！！！

そして二〇一四からは、一人ひとりの真の、一〇〇％のアセンション！　の始動となるのです！
※根源の母神界にとって、これ以上に嬉しく、重要なことがあるでしょうか！？
高次にとっても同様です。

そして！！！


神人一体化へ向かっての、第一弾の完成の目標が二〇一三！！！

それが、二〇一四から本格始動予定の、高次の真アセンション宇宙の核となり、永遠の核となっていくのです。


ゆえに、二〇一三が超重要であるのです。

では、その**真の**『**入門**』のためには！？

そう、まさに前図のように、一人ひとりの「ハート」ゲイトの全開MAXが重要なのです！！！

次の第三部では、その中今トップ&コアと、その実践を中心に進めていきます。

《第三部》「二〇一三の中今トップ&コアと実践！」

二〇一三の中今アセンションの、真の始動とは！？　真のゲイトとは！？
そう、それは前図のMAPの通りであり、皆さん一人ひとりの【ハート】ですね！！！

では、【ハート】とは何でしょうか！？

——心臓、心、中心、ポータル。いろいろなとらえ方が無限にあると思いますが、一言で表現すると、「ハート＝愛」であると言えるでしょう。

その中で、最も重要なことは何でしょうか？

「ハート＝愛」とは、

●すべての中心……中心の中心
●すべての核……核の核
●すべての源……万物の源

であると思います。

※ゆえに、すべての、そして無限の『ポータル』です。
チャクラ、その他、すべての観点からも、そうであると言えます。

※そしてどのような観点からも、誰にとっても、【最も重要なもの】でしょう!!!

※ゆえに、一人ひとりのアセンションにとっても、同様です!!!

では、その「ハート＝愛」の活性化は、どのようにすればよいのでしょうか!?

※それは、何かのカリキュラムをやればそれでいい、という訳ではないことがお分かりでしょう!!

次頁の図を観てください。人の究極の進化・神化について簡単に表したものです。

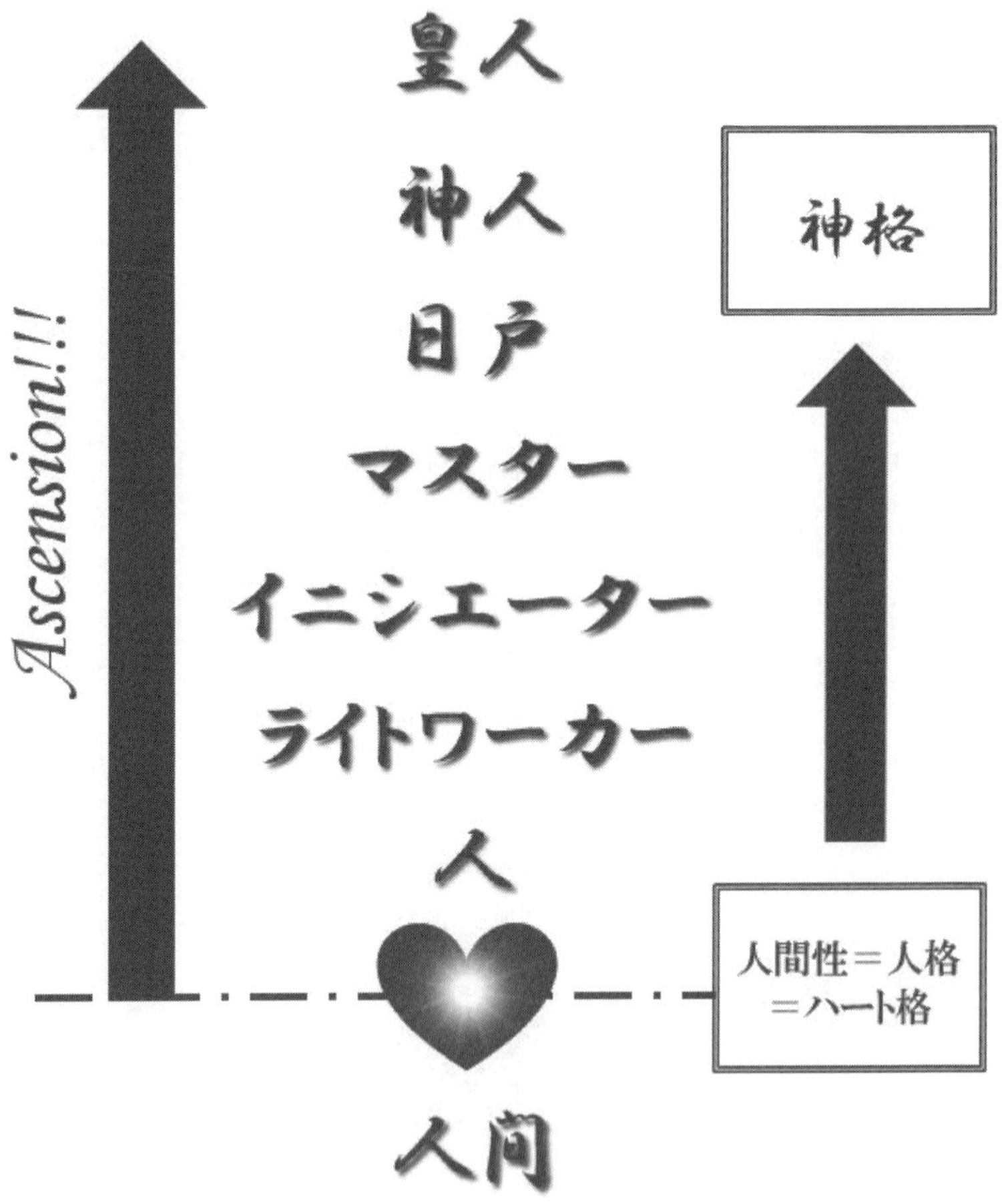
皇人
神人
日戸
マスター
イニシエーター
ライトワーカー
人
人間
Ascension!!!
神格
人間性＝人格
＝ハート格

この図からも、「ハート＝愛」は、人間性、人格、ハート格、すべての「土台」であることが分かると思います。

そして、すべてにおいて、誰にとっても最も重要なことですので、まずは自主的に取り組むことが大切であると分かりますね。


それがアセンション＝進化、神化の土台であり、その進化、神化が、真のアセンションそのもの！！！

宇宙の法則＝生命の存在理由ですが、その進行は、自由意志、自分意志でもあります。


そのためには、第二部の二〇一三アセンションMAPのように、真のゲイト＝ハート＝愛を開くことが重要です！！！　「愛＝意志」であると言えます。


二〇一三アセンションとは！？

愛＝意志の確立！　愛＝意志により、ハートのゲイトを全開MAXにする！！！

それは愛と意志の統合であり、高次の女性性と男性性の統合でもあります。

トータルのアセンションにおいては、特に女性性が重要です。

二〇一六年から本格始動の千年紀は、アクエリアス（水瓶座）の時代とも言われ、女性性を表すと言われています。

そして神界へのアセンションでは、母性性が重要となっていきます。

すべての生命は、母から生まれるからです。


愛という意志の力でハートのゲイトを全開MAXにして上昇すると、ダイレクトに十三次元へつながっていきます！

それが二〇一三アセンション、二〇一三の高次からのサポートであり、二〇一三オンリーの、大特典なのです！！！


そのために特に重要な中今の実践ツールは、「ハートのアセンション日記」です。

愛、ハートの活性化や、その体験を記していくものです。

「アセンションの法則」（「天の岩戸開き」参照）に導かれるべく、ライトワークとしてできるだけ皆にシェアし、皆のアセンションにも役立てていけるとベストです。

アセンションの基礎と全体的な学び&実践の中で、このことをぜひ進めていってください！

アセンションは！　愛に始まり、すべてが愛になる！！

―中今のハイアーセルフ連合より―

コツとしては、頭でハートのことを考えてもなかなか進みませんが、「ワクワク」にフォーカスすると、ワクワク・ワープで進みます！

愛のライトワーカー、愛の日戸へ向かって！！！

※第一弾の実践は、三月十六日の一般向けのアセンション・イベント『愛の祭典』で行われるエネルギーワークとなります。

すべては、愛という意志から始まる！！！

それは真のアセンションのトップ&コアへの入門！　そして二〇一三アセンションのイニシエーションの第一弾となります！！！

力とは継続　継続は意志　意志は愛！

本日の皆の成果は、二月十一日の「地球維神」の祭典へと続きます！！！

――次にご紹介するのは、二月十一日に行われた「地球維神」の祭典第一部の、基調講演からです。

『地球維神』の祭典　二月十一日

《第一部》基調講演「二〇一三地球維神について」　Ａｉ

地球維神とは！？　それは高次と地上の根源家族（ライトワーカー）の、一人ひとりの想い＝愛、そしてその結集であり、実働であると思います！

では維神の『維』とは、どのような意味でしょうか？

一、国の大元　二、つなぐ　三、むすぶ　などの意味があり、その他、古来より文のリズムを整え、強める助字として使われています。（「維＝これ」と読む）

例えば、日本最初の天満宮と言われる山口県の防府天満宮の注連縄《しめなわ》の柱には、次のような詩が刻まれているそうです。

山秀水麗維神之憩所　爰宮爰祀維神止所

やまひいでて　みずうるわしい　これかみのいこうところ
ここにみやを　ここにまつる　これかみのとどまるところ

地球維神とは、冒頭にも述べました通り、高次と地上の根源家族の、一人ひとりの想い＝愛。そしてその結集！　その実働！　であると思います。そして一人ひとりの熱い思いと表現でもあると思います。
今日は、それを皆で全開ＭＡＸで発神！　していただく日ですし、地球全体で、大発神！　する日です！！！

一人ひとりの発神については、皆さんのレポートを観ていただくとともに、ぜひ皆さんも、自分とハイアーセルフの想いと実働計画をしっかりとまとめ、世界へ発神していってください！

本日は、高次と地上の根源家族、その一人ひとりの想い＝愛、そのエネルギーが、地球規模でひとつとなり、大発神される日です！！！

二〇一三新年からのガイダンスと進行のように、一人ひとりと全体の維神、そして日本、地球全体の維神へ向けて、ＭＡＸで進んでいます！　それは愛の大噴火です！！！

まずは本日、二〇一三年二月十一日、地上の根源家族全体の公式な愛の大噴火！　を行いましょう！！！

それは二〇一三ゲイトへ向かう、大噴火となっていくでしょう！

（＊実際に、意識＝アセンションの大噴火となれば、地上の変動はソフトランディングされていくのです！）

そして今、その【愛のマグマ】が、日本中に、地球中につながり、拡がり、熱い愛の海となって、拡大しつつあります。

そして、これからの二〇一三アセンションの本格始動へ向けて、根源神界と、皆さんのすべてのハイア

―セルフ連合からの、地上の皆さんへの中今メッセージとは！！！　それは次の図です。

そう、これは「日の丸」ですね！

――今、世界で最も美しいと思うものは何か！？　と聞かれたら、私は「日の丸」と答えるでしょう！

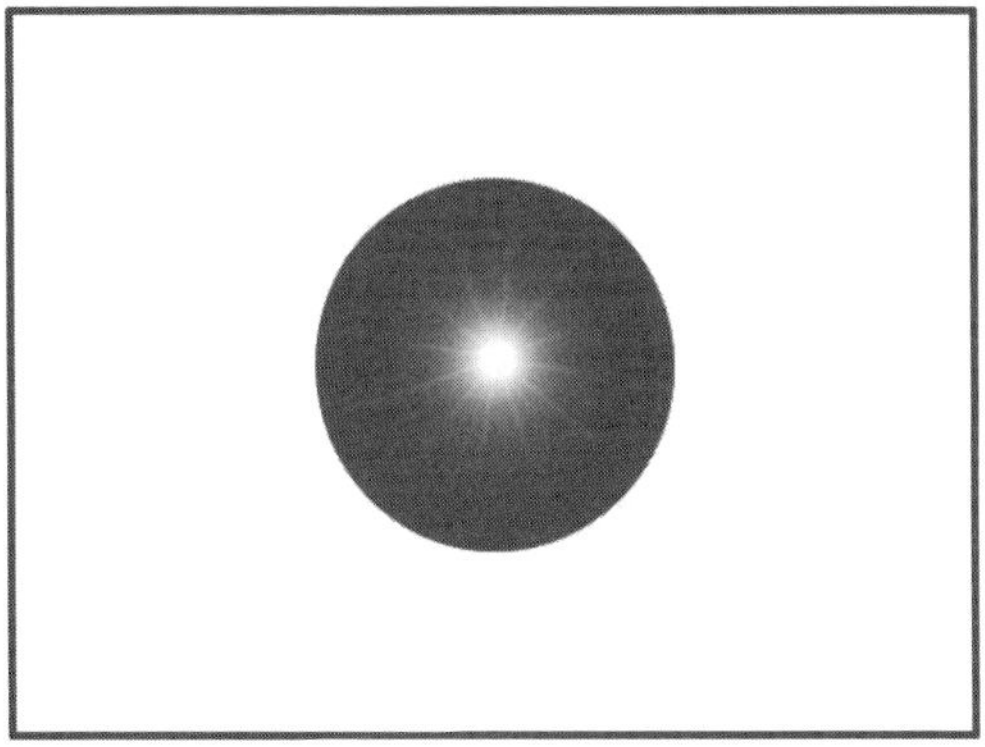

皆さんもそうではないかと思います。日の本、そしてその神界につながるほど、そう思うのではないでしょうか。日本に生まれて本当によかった！　と思います。

「日の丸」は古来より、日の本そのものの象徴、太陽神の国、太陽神の象徴であると言われますが、では、中今で、この「日の丸」が表すものとは何でしょうか！？　そのメッセージとは！？

それは！　皆さんの「ハートと魂」そのものの集合体、結集なのです！！

これはまさに、二〇一三の核心そのもの、そして日の本のミッションそのものとつながっていくと思います。

最後に、本日中今の私からの「地球維神」についてです。
中今最新の地球維神。二〇一三地球維神とは！？

始めも、おわりも、この『愛』という言霊とエネルギーです！　あらゆる意味で！
まさに【愛のマグマ】そのものです。

愛

それは、根源家族（ライトワーカー）＝愛のマグマ！！！

それが、地球アセンションのエンジンそのもの！！！

地球維神。それは地球、すなわち神となること。
地球そのものは、始まりから神そのものと言えますが、人が日戸となり神人となり、究極は皇人となっていくことによって、地球全体が神界となる！　神代となる！　ということであると思います。

――祭典の後半は、皆さんからの言挙げやコラボとなり、第二部と第三部の勉強会では、スペシャル講座として、「神事アカデミー」や「御神歌アカデミー」が行われました。
その成果の一部は、本章の後半でご紹介いたします。

そして、この「地球維神」の祭典と連動し、この二月十一日の午後から、【宇宙史上初】！？の、とても重要な出来事が起こりました！！！

それはなんと、史上初めて、日の本と地球の集合意識の「ハート」が、「日の丸」となって、ひとつにつながったのです！！！

これがどのようなことか、お分かりになるでしょうか！？

それにはいくつかの要因がありました。まさに「天の時」と「地の利」が揃っていたのです。「天の時」とは、二月十一日であったということです。

この日は、ご存じの通り、「建国記念日」です。現在ではだいぶん少なくなったようですが、日本の各地で「日の丸」が掲げられますので、日本人の少なくとも百人に一人は、潜在的に日の丸にフォーカスしています。これが重要なのです！

「百人目の神人」の原理が働いたということなのです！

すなわち、「地の利」として、コアのライトワーカーが百人以上結集し、ハートと魂をひとつにして地球と人類に愛を贈る丸となった！　そして日本人の百人に一人が「日の丸」にフォーカスして、**日本人の潜在意識**とそのパワーがつながったということなのです！

それにより、史上初、真に、日本と地球全体の集合意識がひとつにつながった！　そのエネルギーを、初めて感じました！！！

日の本と、そのライトワーカーの潜在能力が初めて発現した大きな出来事となったのです。

そしてこれは、とても深い意味を持っています！

一月十三日の公式セミナーで述べられた【千年プロジェクト】。地球、宇宙のすべての存在のアセンション・プロジェクトです。

それが**「夢物語」ではない**ということが、**史上初めて証明された瞬間**だったのです!!!

なぜならこの時に、すべての集合意識のハート、ハイアーセルフは、**「それを望んでいる」**ということが、明確になったからです。

そして**「天の時と地の利」が揃えば、いつでも可能である**ということもわかったのです。

それを、常に拡大しながら進めていくことがテーマであると思います。

――この素晴らしい成果を元に、その本格始動として行われたのが、三月十六日の一般向けのアセンション・イベント『愛の祭典』でした。そしてこの時にも! それまでの成果を元に、素晴らしい、驚くべき出来事が起こったのです!

三月の動きとして、この『愛の祭典』でのセミナーの内容をご紹介します。我々のアカデミーの公式セミナーは、メンバーが主となっており、明窓出版のお茶会等でのミニセミナーは例外として、通常は一般向けには行っていません。

ですから今回の、アカデミー以外の方々を含む約百五十人がご参加された『愛の祭典』は特別であり、本格的には初めてのもので、実はその一年くらい前からのアカシックとして、様々な意味と必要性から、この時期の開催が決まっていました。その意味は、これまでの動きと内容を観ていただけると分かると思います！

『愛の祭典』　三月十六日

《第一部》基調講演『ハートのゲイトを開く！』　Ａｉ

皆さん、こんにちは！　Ａｉです。

今日は、宇宙じゅうの愛が、今ここに集まっている、とても重要な日です！

数日前から、どんどんと、皆さんのハートとハイアーセルフのエネルギーが高まっているのを感じていました！

いつもは笑えるお話も多いのですが、本日は、ウルウルのお話になり、エネルギーが高くなっていくという感じがします！

通常のセミナーは、アセンション・アカデミーのメンバーオンリーとなっていますので、今日は初めましての方もたくさんいらっしゃると思います！

今、ここにいらっしゃる皆さんは、今日のテーマの「ハート」や「アセンション」に関心がある方だと思います。そして偶然はありません。なんとなく惹かれて来られたという方も、ハイアーセルフは明確に分かって行動しています。

通常のメンバーへのセミナーも同様ですが、今日のお話も、皆さんの「地上セルフ」＝三次元にいる皆さんと、「ハイアーセルフ」＝皆さんのハートや魂の両方のレベルへエネルギーと情報を同時に贈って、進めていきます！

今日の重要な意味と内容について、もしすぐには分からないことがあっても、ハイアーセルフはしっかり受け取っていますので、だいたい三日くらいのうちに、地上セルフも解凍でき、変容を感じられるのではないかと思います。

そして今日は、前半は解説も交えながら、後半の「エネルギーワーク」をメインとしていきます。皆さん自身が実践し、エネルギーを体感していただくのが目的です。

「アセンション」については、学んで実践していくと分かると思いますが、その本質はとてもシンプルなものであり、子供でも十分に理解できるものであると思います。

そして誰にとっても、宇宙全体の中で、普遍で、最も重要なものです。

そのために必要なノウハウやスキル、それに有用なこともたくさんありますので、ここにいらっしゃる多くの方のご家族やご友人は、皆で楽しくコラボをしながら学んでおられます。

我々のアカデミーのメンバーは、北海道、本州、四国、九州、沖縄、そして海外にも在住されており、通常はインターネットによる通信をベースとして、年に五回くらいの全体の公式セミナーや懇親会、そして各地での自主勉強会なども行っています。


今日の前半は、「アセンション」についてのお話をしながら、アセンションの専門用語（？）についての解説も少ししていきます。「アセンションの専門用語」と言っても、本日は、たったの「二つ」です！

それは「アセンション」と「ハイアーセルフ」です。どうでしょう、特に難しい感じはしないですよね！

（笑）


そして「今日の意味」についてもお話をしていきます。

後半は、「エネルギーワーク」です。このエネルギーワークが重要です！

なぜなら、宇宙のあらゆるすべては、「エネルギー」だからです！

ですから、本日は、頭を使わず、考えず、お勉強もやめて！（笑）、「感じる」ことをメインとしてください！

では「本日の意味」その一についてですが、実は、なんと！！！

今日の内容と動きはとても重要なので、今この瞬間も、皆さんのハイアーセルフを通して、宇宙中に「**生中継**」されているのです！！！　ウソのようなホントの話です（笑）。

メンバー向けのセミナーでも同様ですが、今日も、レジュメはありません。すべてが、ここにいらっしゃる皆さんと、そのハイアーセルフとの中今のコラボとなります！！！

さて、本日の素晴らしい『愛の祭典』のメインテーマは「ハートのゲイトを開く！」で、サブタイトルは「アセンションの始まり」です。この二つはイコールであると言えます。

後半のエネルギーワークでは、テーマが二つあり、一つめは「ハートのゲイトを開く」で、二つめは「誕生」です。この二つも、イコールであると言えます。

「本日の意味」その二としては、今日が、皆さんの**「宇宙お誕生日」**。**真の誕生、生まれ変わり**になるということなのです！

そしてアセンションとは、決して難しいことではありません。誰にとっても、宇宙のすべての中においても、最も大切で、素晴らしいものなのです。

それは生命の進化であり、意識の進化であり、愛と光の進化であり、宇宙の法則、生命の存在の目的そのものなのです！

一言で言えば、**【愛の進化】**です！

ですから今日は、すべてをハートと魂で、エネルギーで、感じてください！！！

では皆さんとハイアーセルフの準備もできたようですので、前半の内容に入っていきたいと思います。

まずは中今（過去と未来を統合した今）の動きに関係することと、アセンションの主な専門用語（たった二つ！）についての解説などを行っていきます。

二〇一三年とは！？

まず最初のテーマは、「二〇一三年とは！？」についてです。二〇一三年は、とっても大事な年です。

特に日本のアセンションを目指すライトワーカーにとって！

そして伊勢神宮の遷宮もあり、それもとても関係しています。

二〇一三年について簡単にまとめますと、一人ひとりと宇宙全体が、二〇一二年までの、すべての宇宙史の成果＝アセンションを統合し、一人ひとりと全体のトップ＆コア＝中心・核心と、最も神聖なものが現れ、始動する年です！！！

まず皆さんは、二〇一三年が大事である、ということだけを意識していただくとよいと思います。真にアセンションを進めていくと、必ず実感していくでしょう！

そして皆さんのハイアーセルフは、それに気づいています！ ゆえに、今、ここにいると言えます。実は、ずっと前から準備をしてきたのです！

さらに二〇一三年の重要な第二弾のアカシックとして、十一月に、『日本人のミッション』というテーマで、今回のように、一般の皆さんも含めて、集合意識との重要なコラボ＆ワークを行う予定です！！！

ハイアーセルフとは！？

アセンションの主な専門用語（？）の一つめです。「ハイアーセルフ」って何でしょうか？

「愛の使者」の本にも書かれていますし、詳しくはアカデミーでとなりますが、簡単にまとめますと、「高次の自分」「真の自分」「永遠の自分」「ハート」「魂」などと言われます。

どうでしょうか？　何となく分かる感じがするのではないかと思います。

その探求そのものも、アセンション＝真の進化＝望む現実を創造する真の幸せ！　とイコールですので、皆さん、ぜひ探求してみてください！

アセンションとは！？

皆さんも、そして宇宙のすべての存在も、宇宙の創始から、「アセンション」を目指しています！！！

アセンションとは、一人ひとりと全体の、「創造」と「進化」のすべてであると言えます。

真の進化。意識の進化。特にその真の「トップ＆コア」です。

すなわち、最も核心であり、神聖なるもの。

そして、宇宙のすべての生みの親である「創造主」へ向かって、一歩一歩、永遠・無限に進み、拡がる道ですから、真の幸福そのものと言えます。

つまり、究極の幸せ、喜びなのです！　アカデミーの皆さんに聞いても、そうおっしゃるでしょう！

二〇一三年三月十六日について

今日は、とても特別で、重要な日です。皆さん一人ひとり、そして地球・宇宙の集合意識のアセンションにとって！

今、皆さんのハイアーセルフ連合と、宇宙のすべての愛の連合のポータルである高次の母船が、地球の上空に待機しています！

それは皆さんのハートであり、魂であり、宇宙の愛の、すべてのネットワークのポータルです！！！

皆さんの究極の愛そのものであるハイアーセルフは、地上の自分、分身である皆さんの、真のハートの目覚め、誕生を心待ちにしています！！！

ですから今日は、皆さんの「**ハートのゲイト**」を開くのにベストの日です！

三月、そして特に今日の高次の動き全体は、「**タッチ&ゴー**」と呼ばれています（タッチ&ゴーとは、航空機などが、一瞬だけ地上に接地し、そのまますぐに上昇していく高度な技）。

次の図のような感じです。皆さんのハイアーセルフが、宇宙の愛が、皆さんのハートにつながってきます！　それは皆さんのハートでのみ、つながることができます。

そして共に、上昇していくのです！！！　そのワークを後半、皆で共に行います。

Touch&Go!!!

ハートのゲイトを開く！！！

真の自分、核心である【愛】とつながる時。

それが永遠・無限の自分、そして宇宙の高次の愛との真の「**ファースト・コンタクト**」となります！！！

ハートのゲイトを開くには！？

まずハートとは？「ハート」という言葉について、聞いたことがない人、全く分からないという人はいないと思います。

「ハートが無い」人っていますか！？（会場：笑）いませんよね！

では、ハートのゲイトを開くためには、どうすればよいのでしょうか？

それは、少しも難しいことではありません。

皆さんは、宇宙の愛から生まれた存在であり、存在そのものが愛なのです。

自分の中心、核心へ、意識を向けてみましょう！

※今、皆さんが「ハートのゲイト」を開くための、とても分かりやすい、重要なメッセージが、皆さんのハイアーセルフから来ています！

それは、「**皆さん一人ひとりにとって、一番大切なもの**」というメッセージです！
（＊後半のエネルギーワークの実践でも、この方法が分かりやすいです）
ぜひ、じっくり感じてみてください。

一番大切なもの！！！　最も大切なもの！！！

それに意識を向けた時に、自然と、胸の中心に意識が向かい、そして「温かく」なってくると思います。

その内容は、一人ひとり表現がちがうと思いますが、共通しているのは、**【愛】**。それに関係していることではないかと思います。

そして、宇宙全体と一人ひとりに共通している最も大切なもの。宇宙で最も大切なもの。
すべての根源であり、すべてを生み出し、すべてをつなぐのも**【愛】**。

――今日は、皆さんのハイアーセルフの母船も上空に来ていますし、皆さん、ハートのゲイトにだいぶつながってきました！

後半は、皆で共に、そして宇宙のハイアーセルフや愛のネットワークとともに！！！　ハートのゲイトを開くエネルギーワークを行います。

《第二部》エネルギーワーク
『ハートのゲイトを開く！』

「ハート」の重要性、そしてハートのゲイトを開くことの重要性について、だいたい分かったと思います。

では、いよいよ本番の「ハートのゲイトを開く！」エネルギーワークを行いましょう！

この一つめのエネルギーワークでは、皆さんで、一人ひとりのハートのゲイトを開いていきます。

開いてきたら、皆で共に、そしてハイアーセルフと愛のネットワークと共に、地球全体へ愛を贈り、地球全体の集合意識との愛のコラボを行います！！！

ＢＧＭがスタートしましたら、始めてください。
内容は各自の自由でＯＫですが、必要な人は、次のような手順を参考にしてください。

1．ハートの中心へフォーカスする。意識を向ける。

※さきほどのガイダンスを思い出すとよいと思います。「一番大切なもの」。それを思い出し、そのエネルギーを感じる！

2．ハートのエネルギーを感じてきたら、そのエネルギーを、だんだん拡げていく！
まずは会場全体へ！　会場の皆とハートで「一つ」になり、大きな一つのハート、一つの【愛】になっていく！！！

3．それを感じてきたら、さらに、日本全体へ、そして地球全体へ拡大していきます！！！
地球のすべての生命、すべての人のハート、愛とつながってみましょう！！！

感じるままにやってみてください！！！　ではスタートします。

（エネルギーワークのスタート）

――皆さん、いかがでしたでしょうか！？　ほとんどの人が涙を流しておられましたが！

※実は今のエネルギーワークの最中に、驚くべきすごいことが起こりました！！！

それは、皆さんのエネルギーワークがスタートして少したって、私自身も参加しようとしたその瞬間に起こりました！！！

今日は朝から高次の母船がこの上空に来ているとお話しましたが、それはもう少し具体的な用語で言うと「**アインソフ**」の母船です。

アインソフについて、簡単に言いますと、これまでの宇宙の天界の中で、最も高い次元の領域であり、主に高次の女性性のエネルギーであると言えます。大天使や聖母庁などの世界です。中今では、だいたい、三十六次元です。

そしてこの宇宙で最も高次のアインソフとは、この宇宙の中での皆さんの、最も高次のハイアーセルフ連合の一つなのです！

このアインソフの母船が地球の上空に来ることはとても少ないのですが、なんと！！！　さきほどの皆さんのエネルギーワークがスタートしてすぐに、**地上へ、この会場の中心へ、エネルギーで降りてきて一体化したのです！！！**

ほとんどの皆さんが、そのエネルギーを明確に感じられたと思います。

その瞬間、会場全体が、表現できないほど明るく、温かく、優しい愛に満ちた、淡い桃色のようなエネルギーに包まれました……。感動で言葉にならないくらいでした！

これがなぜ起こったかという主な理由の一つについてお話しします。

今日のエネルギーワークは、皆さん一人ひとりと地球の集合意識全体にとって、とても重要であることをすでにお話しました。

そのためには、今、ここにいらっしゃる皆さん全員と、そのハイアーセルフが「ひとつ」につながることが必要だったのです！

そして！！　その最大公約数というか、皆さん全員にとって共通で、「ひとつ」につながることができるのが、「アインソフ」の次元とレベルであった、ということなのです！！！

一なる根源の神界へ向かって、高次になるほど、「ひとつ」となっていくからです。

ですから、皆さんのハイアーセルフは素晴らしいということですね！！！　びっくりしました！

二つめの理由は、今年二〇一三年の二月十一日に、宇宙史で初めて、日本と地球の集合意識の「ハート」が「日の丸」となってひとつになる、という出来事により、そのベースができていたということです！

『誕　生』

では、二つめのエネルギーワークを行います。テーマは『誕生』で、サブタイトルは「**宇宙お誕生日**」です！

一つめのエネルギーワークで、皆さんはかなりハートが活性化し、ハートのゲイトが開き、ハイアーセルフとつながってきました！

さきほどのワークは、主に「ハート」、そして【愛】のエネルギーにフォーカスしました。

そしてこの二つめのワークでは「魂」、そしてその『光』にフォーカスしてみたいと思います。

皆さんは、ハートのゲイトを開き、真のアセションの一歩を踏み出しました！　それは新たな誕生、生まれ変わりです！　真のアセンションとは、その連続であると言えます。

これまで皆さんは、何度も生まれ変わりながらそれを進めてきました。しかし今生の、地球アセンションのクライマックスのこの時期は、真のアセンションが始動すれば、その連続となっていくのです！　それは至福の喜びです！

そして『魂』の本質とは、純粋な「光」です。創始の光。根源の光。

私たちの本体である魂は、一なる根源、宇宙創造主の子供であり、分け御魂なのです。

このワークでは、その「初めの光」「魂の光」につながり、地球の魂ともつながってみます。

※この二つめのワークの分かりやすいガイダンスとして、今、皆さんのハイアーセルフと地球神から来ているメッセージは次のようなものです。

「魂の光」にフォーカスすると言っても、すぐにはピンとこない人が多いと思います。

今、地球のエネルギーが、日に日に、そして毎瞬、シフトしています。

地球は、どんどんアセンションしています！

そしてそのエネルギーを、地球に住む私たちと、すべての生命へも贈ってくれています！

私たちの肉体＝地上セルフが住んでいる地球は、ひとつの生命体であり、地球という神さまそのものなのです。

その地球のエネルギーを感じてみましょう！

それは、生まれたばかりの赤ちゃんのようなエネルギーです。

いま、地球も、私たちも、新たに生まれ変わろうとしています！

すべての創始の光。宇宙の創始のフォトンです。

新しい、けれど創始のエネルギーであり、本来のエネルギー！

新たな誕生であり、そしてそこへ還ろうとしています。

その始まりの光。すべての源の光。新たな始まりの光。

それをともに感じてみましょう！　地球とともに、一体となって！

（エネルギーワークのスタート）

――皆さん、いかがでしたか。生まれ変わりましたか！？（会場：笑）
私は、まずはとても清々しい、生まれたばかりの皆さんの魂やその光、そして地球のエネルギーを感じ、皆さんと地球の魂に翼が生えて、飛んでいく感じがしました！！！

では、ご参加の皆さんからの感想をシェアしたいと思います。

（一般のご参加者より）

H．Kさん：初めてセミナーに参加させていただきました。友人から話を聞いて、行ってみたいと思っていましたが、今日、この場に来れたこと、そして皆さんと同じ時間と空間をすごせたことに感謝しています。
Ａｉ先生のお話を聞いた後の、皆でのエネルギーワークの時の音楽と、その時のイメージがとても鮮明でした。幸せと笑顔と光が溢れました。
自分の羽を拡げて、キラキラとした光をふりまきながら、地球の廻りをゆっくりと飛んでいきました。とても心地よくて、地上の動物たちや子供たち、人々がとびっきりの笑顔で手を振ってくれて、心が温かくなりました。みんなの笑顔を観るために、自分がいるのかなと思いました。

M．Kさん：初めて参加させていただきました。午前中のＡｉ先生のエネルギーワークでは、涙があふれ出て、素晴らしい体験をさせていただきました。

Y．Iさん：Ａｉ先生の午前のセミナーでは、宇宙の始まりから二〇一二までの成果の統合、始動が二〇一三年であるとお聞きしました。

もっと心を広げ、深い愛となり、自分の魂の次元を高めたいと思います。

今日は、Ａｉ先生のお話を聞けて、とても良かったです。これからも、このような勉強をしていきたいです。

H．Iさん：午前のＡｉ先生のセミナーで、自分にとって特に重要と感じたことは、

1．自分にとって、宇宙にとって、最も「大切なこと」を感じる時に、ハートの中心とつながり、温かくなる。

2．ハイアーセルフ（真の、永遠の高次の自己）は、すでにアセンションを選択している。

3．中今とは神道の言葉で、過去・今・未来を統合した今。

ということでした。

H．Uさん：Ａｉ先生のセミナーでは、エネルギーが心地よくて、前半はほとんど寝てしまいました

……。後半のエネルギーワークでは、さらに心地よくて、身体が軽くなり、清々しい気持ちで一杯になりました。

Ａｉ先生から、今日がみんなの「真の誕生」（生まれ変わり）というお話がありましたが、自宅から会場に来るまでの間に、生まれ変わったような気がしていたので、びっくりです。

今日は、ありがとうございました！！

H・Iさん：まず会場づくりが素敵で、スタッフの皆さんの笑顔が素敵でした！「類は友を呼ぶ」という感じがしました。会場全体が、ひとつになった気がします。

自分の内側のハートが、すごく大きくなった感じがしました。

Ａｉ先生に初めてお会いしました。とても穏やかな方だと思いました。

自分の中に宇宙がある……そういう体験をしました。

H・Yさん：とても体があたたかくなりました。

M・Mさん：初めて参加させていただきました。Ａｉ先生のエネルギーワークでは、自分のハートを知り、拡げることができました。日本、地球へと拡げていきました。

自分のハートを初めて知り、感じ、感動しました。ありがとうございました。

（アカデミーのメンバーより）

明美さん：今回のＡｉ先生のスペシャルセミナーは、まさに「ハート」で地上セルフとハイアーセルフが一体となる、「タッチ＆ゴー」のイニシエーションであったように感じています。

それは、本当のアセンションへの最初の一歩かもしれませんが、地上セルフにとっては、とても大きな一歩となったと感じています。

私個人の変化としましても、自分だけが感じる変化ではなく、他の人にも感じていただけるほどの変化が起こりました。これまでの自分のエネルギーとは明確に違うエネルギーが、発現されてきたということであり、それが「宇宙お誕生日」であるように感じています。

アセンションは無限ということですが、地上セルフのアセンションにおいては、「ハート」を開くことが、唯一のアセンションに通じる道であり、そのマル秘のツールを、これからますます探求していきたいと思っています。

だれもが持っている「ハート」という高次へ通じるゲイトが、本当に、何よりも尊い宝物であると気づいた時に、アセンションが始まると思います。

これからも「ハート」を意識し続けて、自分の中心を愛と光そのものにしていきたいと思っています。

晃子さん：終始、ワクワクでウルウルでした！　外は寒かったのですが、セミナーが始まると、ぽかぽかしてきました。暖房などで気温が上がった時と違い、体の中から指先までもあたたまっていく感じでした。

今日は「ハートを開く」ということを、いろんな形で教えて頂きました。

優さん：たくさんの方と一緒にＡｉ先生のセミナーを受けることができて、とても光栄でした！　私が座った席の前のお二人はメンバー以外の方で、Ａｉ先生のお話を真剣に聞いておられました。

Ａｉ先生は、メンバーにいつも仰ってくださっているシンプルかつ重要なことを、他の方にもわかりやすく伝えてくださいました。改めて、真実はシンプルであり、変わらないのだと思いました。

日本人として生まれてきたことが宇宙にとってどれだけ重要なことか……！　身の引き締まる思いです。

また、エネルギーワークでは、最初に赤ちゃんのイメージが出てきたのですが、二つめのテーマの「誕生」とシンクロしていて、とても驚きました！

アインソフの母船が降りてきたと伺いましたが、私が観たヴィジョンは、まさに母性愛に溢れたものでした。愛し合い、愛でつながりあうことが、宇宙に住まう私たちの本当の姿。

愛から生まれた私たちだから、必ず愛に還ることができる！　それが、幸せの道。

Ａｉ先生、コラボしてくださった皆様、どうもありがとうございました！

グレースさん：一つめのエネルギーワークでは、自分のハートと、会場の皆さんのハートとのコラボのエネルギーで、地球が宇宙空間へ徐々に次元上昇していくようなヴィジョンでした。

その後、たくさんのハートがその中心でつながり、とてつもない愛のハーモニーとなって、ハートでコミュニケーションをしているような感じでした。

それは愛としか言いようがないものでした。

とても優しく、お互いを思いやっている。一つの意識で繋がっている。

ワンネスをとても感じるエネルギーワークでした。

とても幸せを感じるものでしたが、まだ地上セルフは少し「?」を感じる部分がありました。

そしてこのエネルギーが、アインソフの母船だということを明確にAi先生の口から聞いたとたんに、涙が止まらなくなってしまいました!

このレベルのものが降りて来た、そしてその許可が高次から降りたということ!

そのハイアーの歓喜と感動にしばらく浸っていました!


二つめのエネルギーワークでは、地球の魂と自分の魂が一体化して、地球の内部から光が宇宙空間へ向かって、どんどん拡大していくヴィジョンでした。地球そのものも、光に包まれていました。本当にとても心地よく、ふわっと体が持ちあげられるように軽くなりました。

――そして四月となり、この月のアカデミーのテーマである、「ハートの全開MAX！」を中心&ベースとした、二〇一三アセンション・ゲイトへ向けての柱とプロセスづくりを進めていきました。

四月十三日の公式セミナーでは、二〇一三アセンションのプレとなる、最初の重要なイニシエーションとなりました。

この時から、高次のエネルギーの地球への流入とサポートが大きくなり、大きくシフトしました。まず、前日の十二日に、驚くべきことが起こりました！！！

この日は、十三日の公式セミナーの前日で、午前中には、アセンションのインストラクターコース生のための特別セミナーがありました。

そして早朝、家を一歩出た瞬間に驚きました！　これまでで初めての感覚でした。

まるで「新しい地球」という感じ……！　すべてが繊細で、この上なく光に満ちて、そして香《かぐわ》しい……！！！

具体的に表現してみますと、なんと「十二次元」の波動が、地上まで降りてきた！　としか言いようがないのです！！！　……家の近くの美しい公園の中で、しばらくうっとりと、そのエネルギーを感じていました。なんと祝福されているのだろうと思いました！

これまでは、アカデミーの中で、必要に応じて「十二次元」のエネルギーを降ろしたり、創ったりしていましたが、いろいろな条件もあり、とてもエネルギーが必要なものです。

しかし、今、すべてがその中にある！！！

そしてこれは翌日の公式セミナーの重要なイニシエーションのためでもあることが分かり、厳粛な気持ちになりました。次にその内容をご紹介します。

『二〇一三年　四月』公式セミナー　四月十三日（講師：Ａｉ）

はじめに

今回も、特に重要な内容となります！
今回は、**１３Ｄ聖母庁イニシエーションの本格始動**となり、コアのライトワーカーの二〇一三アセンションのひな型となります！！！

《第一部》「中今までのトップ＆コアの動きについて」

まずは二〇一三年の、特に一月から三月までの動きについて思い出してください！

一月には、【千年プロジェクト】についての重要なガイダンスがありました。

そして二月には、宇宙史上初めての超重要なことがありました！

（二月十一日のレポートを参照してください）

その始動。これは、今後のすべての核となるものです！


三月には、公式の初の外部向けイベントの『愛の祭典』が行われ、アインソフの重要な動きがありました。

……当日の会場ではお話できませんでしたが、実はこの時に、とても重要な動きがあったのです。

「天の岩戸開き」の本に、関連することが少し書かれています。

宇宙最高次のアンドロメダ（アインソフ）の科学による、最大の母船の大きさは、「銀河系二つ分」（が入る）ということです。

アインソフの母船が降りてきた瞬間。なんと！！！　その「銀河系二つ分」の大きさのアインソフの母船に、我々も、地球も、「包まれた」ということなのです！！！


周知のように、宇宙・太陽系・地球のアセンションにともなって、地殻変動も活発化しています。重要な日は、それらの動きとも連動しており、実は現在、そのレベルのサポートでないと、地球（地上）のアカシックを変えることができないところまできている、ということなのです。

しかしそれらはあくまでも、ウラの、高次のサポートであり、「アセンション」を実際に行っていくのは、

今、ここにいる皆さん、地上にいる皆さんであるということを、常に忘れないでください！

さて、三月末までの学びと実践、そして高次と地上の動きのトータルで、二〇一三アセンション、13D聖母庁のトップ＆コアにつながる準備が、ある程度できてきたと言えます。

その重要な第一弾が、本日中今であり、特に第三部のイニシエーション＝エネルギーワークとなります。

そして、三月までの成果により、あるとても重要な動きが始まっています！！！

それが今日のイニシエーションと直接関係しています。

それはなんと！！！　聖母庁の母船（旗艦）が、宇宙史上初めて、この太陽系内に入ってきた！　ということなのです！！！

そして本日、中今、ここの上空に！！！

（＊今日の最後のワークでは、一人ひとりの中心、トップ＆コアへ降りてくるかも！？）

なぜ聖母庁の母船（旗艦）がここまで来た、来られたかと言いますと、やはり三月のトータルの動きによります。

アセンションにおける集合意識とそのエネルギー等、様々な問題を乗り超え、実践を行った結果です。

それらはまさに、宇宙連合の法則、宇宙連合の科学でもあると思います。

すなわち、「課題が大きいほど、大きな進化となる！」です。

ゆえに、すべてに「ありがとう！」ですね！！！


そして日本において、四月は、正式な新年度のスタートです。

ですから本日の四月十三日は、二〇一三アセンション・アカデミーの正式な始業式でもあります。


三月までの動きをしっかりGｅｔして、今ここにいる皆さんは、二〇一三アセンションの始動＆始業式を真に行ったということであり、二〇一三年全体を通して、二〇一三アセンション・ゲイトを真にくぐった人は、真の、永遠の、不動の【愛】の確立を、明確に体感するでしょう！！！

そしてそのトータルがまさに、二〇一三アセンションとイニシエーションそのものなのです！！！

《第二部》「コアのライトワーカーの二〇一三アセンション！」

第二部では、「二〇一三のトップ&コアとは！？」について、探求していきましょう！

これまでにお話してきたように、コアのライトワーカーの皆さんは、ほぼ全員、一般の人から観たら、ある程度のアセンションを遂げている！　と言えます。平均が、五次元に近いレベルです。

そのための準備を、二〇一二年まで行ってきました。**いつ、何が起きても、最低限、困らないレベル**です。

しかしこれは個人のアセンションとしてのものであり、皆さんの本体＝ハート&魂＝ハイアーセルフのミッション、日本としてのトップ&コアの使命、根源のアセンション・プロジェクトのコアメンバーとしてのミッションではなく、真のアセンション・リーダーとしてのものではありません。

では、二〇一三のトップ&コアとは！？　一人ひとりと全体の、ハート&魂&ハイアーセルフのミッション、日本としてのトップ&コアの使命、根源のアセンション・プロジェクトのコアのライトワーカーとしてのミッションとは！？

それは、一人ひとりとそのハイアーセルフのものでもありますが、これまでの動きを観ますと、「全体」

としては、やはりさきほど述べた、二月の動きが核となると思います！！！

イコール、**【千年プロジェクト】**のトップ＆コア！

『日の丸』そのもの！！！

そして、二〇一三アセンションの柱を皆で創り、そのゲイトをくぐって行く！

まずはそれを、一人ひとりと全体が確立し、全日本と地球と宇宙のために発動する！

それが、二〇一三のトップ＆コアなのです。

その重要な象徴は、神宮の「遷宮」です。
日の本の一人ひとりと全体の、二〇一三トップ＆コアへの遷宮でもあると言えます！！！

それが、二〇一三年四月のワークであり、二〇一三トータルの１３Ｄの神殿の構築であり、二〇一三アセンションＭＡＰの図なのです。

新アセンション宇宙への遷宮です！！！

正確には、遷宮というより、新たな建宮、『創宮』という感じです！！！

（＊そして未知＝高次との遭遇！？）

そして「十三」の数霊とは、ひとつの宇宙周期の「おわり」と「はじまり」を表しています。「時間」の終りでもあります。

二〇一二年で、これまでの旧宇宙の周期と時間が終了しました。

二〇一三は、新しい「はじまり」の核と柱＝「基礎」を創る時なのです！！！

二〇一四からは、高次から観ると、厳密には時間のエネルギーが無くなります！

数霊に縛られなくなるとも言え、一オクターブ上になるとも言え、新たなアカシックを創造する、ということでもあります。

※二〇一三からのアセンションにおいて、特に重要なことは、**ますますすべてが「エネルギー」になっていく、ということです！！！**

本来はすべてがそうですが、明確に、ますますそうなるということなのです。

二〇一三の核のエネルギーは、「**新**」であり、「**真**」。

すべての本質が現れてくる（本質でないと何も動かない）ということです。

いよいよ、真の「本番」の始まりです！！！

皆さんも感じておられると思いますが、今日のようなセミナーでも、三次元の言語で受け取れないことが九十パーセント以上となっていきます！！！

その九十パーセント以上は、膨大な内容とエネルギーを、圧縮ファイルで、地上セルフとハイアーセルフに伝えるものとなりますので、現地参加できる人はできるだけリアルタイムのライブで参加していただくとよいと思います。

——以上をまとめますと、「二〇一三のトップ＆コアとは！？」それは、一人ひとりと全体のトップ＆コアであり、そのハートと魂とハイアーセルフのミッションであり、【願い】である！！！

そして、真のアセンション・リーダーへ、真の日本のリーダーへ、真のアセンションのDNA、『皇人』へ向かっていくことなのです！！！

ではいよいよ、今日のメインの、１３Ｄイニシエーション＆エネルギーワークに入っていきます！

《第三部》「13Dイニシエーション&エネルギーワーク」

二〇一三のトップ＆コアの、「核の核」とは！？
それは、トップ＆コアのトップ＆コア。「核の中の核」、そのものです。
【愛】。そのトップ＆コアのトップ＆コア。核の核、究極の究極！！！
※皆さん一人ひとりと全体の、ハート、魂、そして全身全霊の！！！

愛の中の愛。究極の愛。

それを発現する時に現れるもの！！！

それがすなわち、真の中今の１３Ｄと、愛の聖母庁、愛の聖母につながるのです。

真の聖母とは！！！　それは、一人ひとり、そして全体のハート、愛の母そのものです。

ではエネルギーワークをスタートします（＊このガイダンスの内容は、表現が難しいので紙上では公開できません）

（エネルギーワーク）

――皆さん、いかがでしたか！　私もびっくりしました！！！

私は皆さんのエネルギーワークが始まると、会場を一周してからこの壇上に帰ってきたのですが、始まる前まで自分が立っていた、演台の前の空間に入れませんでした（笑）。

ものすごいエネルギーの柱が、はるかなる高みから降りてきていて！！！

それは透明感があって、クリスタルのようで、様々な光の色彩に満ちているのですが、莫大な光の滝のようでもありました！！！

そしてその中心に、１３Ｄの聖母マリアそのものが降りてこられました。史上初と言えるかもしれません。

そのエネルギーは、とても澄んでおり、【愛】そのものとしか表現できません！

その柱の中に入ろうと思えば入れるのですが、このエネルギーの柱そのものを私がサポートしているので、中に入れませんでした。

この素晴らしい体験と降臨は、本日限定のスペシャルです。

しかし今日降りてきたこのエネルギーは、当分のあいだここに留まり、１３Ｄのエネルギーの一つの指標となり、皆さんのアセンションをサポートし、観護ってくださるとのことです。

――そしてこのために、前日の十二日から、十二次元から十三次元の素晴らしい波動が、地上まで降りてきて、準備をしてくれていたのでした！

セミナー終了後の帰り路、地上の世界も一変していました！！！

すべてが十二次元の光のクリスタルのような波動と色彩に包まれていました。

そしてこの時も、大きな地殻変動の動きがあり、そのための護りともなっていました。

十三次元のコアが地上に降りてきてつながったことにより、二〇一二年には、つながるために皆が苦労をしていた十二次元が、必要に応じて活動できるようになりました。

しかしすべては、地上のライトワーカー、そしてすべての人類のアセンションのためのものなのです。


――このように、素晴らしい体験と学びの中で、四月も進んでいきました。

しかし地殻変動も、ますます活発化してきました。


この原稿をここまでまとめている中今の、五月のアカデミーのトータルのテーマは「五次元」です。

それについては、第二章と第三章で詳しく展開していきます。

二〇一三地球維神

地球維神とは。二月十一日のコンテンツでも述べましたが、それはまさに文字通り、「地球維（これ）神」であると思います。

地球という神が、その本来の姿を現していく。神人とともに！

そして神人が、地球とともに変容していく！

ではこの第二章の最後に、ライトワーカーたちからの「二〇一三地球維神」のメッセージを御紹介します！（二〇一三地球維神の皆さんからの『御神歌』は、第四章でご紹介します）

「愛の建国記念日」 千鶴さん（お母さん）&Akiyaくん（八歳）

皆さまこんにちは！　私たち母子は、地球維神（地球を愛の星へ）のために、この地球の地上に、この時を目指して、生まれてきた魂のひとつだということを、はっきりと思い出しています！

何のために今、地上で生を受け、今ここで生きているのかを思い出した方々と、そして今から思い出して行く方々と共に、「愛の拡大を成していくこと」が、何よりの幸福であり、歓喜であると、心の奥底から思っています。

その想い、心の奥から湧き出てくる溢れんばかりのエネルギーは、力強く、あたたかな「愛」のエネルギーであるとわかってきました。

愛の拡大への想いに意識を向けたときに、その「愛」のエネルギーは強くなり、ハートがドキドキしてきます。

そして魂がふるえ、自分がなにを望んでいるのか、何を望んで生まれてきたかを思い出してきます。そして、なにをなすべきか、なにを選択すべきかがわかってきます。

皆さまとの「愛」のエネルギーのコラボ拡大が楽しみです！！！

私たち親子は、地球維神がしたくて生まれてきたので、このイベントは、特に魂が嬉しくてしかたないようで、まだ書き足りないようです（笑）。

息子のAkiyaからの、「建国記念日&地球維神」のエネルギーを受けとめたメッセージをお贈りさせていただきます。

――Akiyaです。みなさん、こんにちは！　今日は建国記念日です。
国を建てる記念日、愛の国を建てる記念日です。
今日、ぼくが描いた絵は、今日の建国記念日のイメージです。
左の絵ですが、ハートの部分は日本です。周りの丸は、日本のシールドです。
日本は愛の国になろうとしています。
右の絵は愛（ハート）が爆発して、太陽みたいに明るくなっていく様子です。
どんな暗い宇宙でも、光を発神して、明かりが届いて、愛みたいに明るく

美しくなっていきます。
もちろん、宇宙全体も愛の宇宙になります。

無限に愛を広げよう！　愛のパワーがいっぱいに爆発して、拡がった周りの小さいハートたちは、地球を愛以外の星にしないようにまもります。
愛以外にしようとしている何かや、幸せでない人にも、愛の力を伝え、愛になってもらいます！

小さいハートたちは、宇宙にも愛を伝える役割をしています。
また、この小さいハートたちは、愛の人たちの心です。
こんなに小さい愛の心でも、みんなが集まると、とてつもなく大きな愛になり、愛の星ができます。

今の日本みたいな、まだまだ小さい愛でも、愛の人たちが増えると、ハート（愛）の大きな国、ハート（愛）の大きな星になります！

愛が地球にまだ足りなくても、一人ひとりの愛の力で、心から愛を贈って、愛の国・星を創れると思います！

愛の建国記念日に、Ａｋｉｙａより

「願い」　あめのひかりさん（お母さん）＆航くん（八歳）

すべての人が願っていること。それは一人ひとりが大切な存在であり、使命を持ってこの星にやってきたこと。

たくさんの人がそれを想いだした時、地球が愛にあふれた光輝く星になると思います。

みんなの胸にある、究極の愛のかけらが、地球とこの宇宙を照らしていくその日まで、志を同じくする、この宇宙中のすべての存在、すべての人と、ともに笑顔で走り続けます！

宇宙が最高にハッピーになって、最高の笑顔で、共存できる時まで！！

みんなみんな愛しています。

「愛の星」　はるかさん（お母さん）＆あさひちゃん（四歳）

地球維神に参加表明させて頂きます！　私たち母子は、そのために生まれてきたと確信しています！

まずは、自分から変わること。それが地球にとって、人類すべてにとって、重要なことであると感じています。

娘のあさひに、みんなに何か伝えたいことはある？　と聞いたところ、「**愛・ハート！！！**」だそうです。

まさに、そのエネルギーが、地球維神というものであると感じています。

また、娘も「愛の星にするためにがんばる！」と言っておりますので、親子で共に、そして地球維神に参加のみなさまと共に、突き進んで参ります！

そこで、次の地球維神のメッセージを作成しました。このメッセージの内容を私自身が探求し、確立していきます。

――　愛　――

地球維神とは、一人一人がハートのリーダーシップをとること。

それは自分からハートを全開にし、全力で、突き進む、愛と意志によるもの。

ハートとは、愛そのものであり、ハートを通して私たちはすべてと繋がり、今、この瞬間も、その中心で密接に結びついている。

では、どんなエネルギーを贈るのか！？　どんなエネルギーで繋がるのか！？

どんな行動を起こして行くのか！？

ハートは地球人類すべてをひとつにする唯一のもの。愛はすべての源。

一人一人がハートのマスターとなった時、その人の中心から、すべての中心から、本当の愛が輝きだす。

無限の揺るぎない愛とともに！

「今こそ私たちが！」　百合

今、私は大学生です。私もこの地球維神に参加したいと思い、メッセージを書いてみました。

長い時を経て、まさに今、地球は進化しようとしています。

地球が、宇宙史上初である最大規模のアセンションを成し遂げようとしているのです！

しかし、今のままでは成功することが難しく、地球にいる私たち全員の意識レベルを上げて、一人ひとりがアセンションをする必要があると思います！！

それにはどうしたら良いのでしょうか！？

その答えは……「愛」、「愛となること」だと思います。

誰かのことを思いやったり気遣ったり、何かのために役立ちたい、地球を救いたいという気持ちも、立派な「愛」であると思います。

この愛のエネルギーは、地球全体へ、やがては宇宙全体へと共鳴していきます。

一人が愛のエネルギーを出すだけで、無限に広がっていくのです。

この地球上では、この愛のエネルギーでしか伝えていく手段がありません。

ですから、今こそ私たちが！　共に愛となり、愛を拡大することで、地球のアセンションを成し遂げましょう！！！！

「信頼」　杜乃碧《もりのみどり》Ｇａｉａ

地球維神。なんて素敵な言葉でしょう！

「維」という字を辞典で調べてみると、「つなぐ」「つなぎとめる」という意味もあるのですね。神とは、永遠の宇宙の創造の計画そのものであり、その一部であると定義できると思います。永遠の創造の計画の中にある宇宙のすべての一つとして、すべての人がいて、私という存在も今ここにいると言えると思います。

宇宙の目的と、私が今地球にいる目的は、繋がっているはずだと思えますし、本当の自分、そしてその目的を少しでも明確にしていくことが、今、私が感じる「地球維神」ということなのかな？　と感じています。

それと同時に感じるのは、地球を癒したい、いたわりたいと思っていても、結局はいつも地球に癒してもらってばかりのように思うことです。地球のすべての生命を生み育ててくれる大きな愛の営みの前には、私の働きなど小さなものにすぎないと感じる自分がいるということです。

でも意識というものは純粋なエネルギーであり、時空や次元を超えて働くものであり、愛のエネルギーはすべてのエネルギーに共通し、繋がる、永遠の創造力であることを信じきって、行動することからしか何も始まらない。そう思っています。

「信頼」という言霊について感じたことを、この場でシェアさせて下さい。

「信頼とは」

信頼しきっているものには、自分の全部を任せることができること。

生まれたての赤ちゃんは、ミルクやおむつ、身の周りのことが何もできない無防備な状態で、すべてを安心してお母さんにゆだねきっている。

「万が一……」「もし……」という考えはみじんも存在しない。自分のいのち、すべてを完全にまかせきって、天真爛漫に笑っている。自分の存在を与えきれることが真の信頼。

生まれた瞬間から、存在したその瞬間から、完成された、完全で絶対なる、永遠のつながりがある。それを真（神）の絆と呼ぶのだと思います。

人の魂とは、その始めから終わりまで、親と子の絶対なる絆で結ばれているもの。宇宙で最も強いつながりだと思います。

魂の絆があるということは、そこにゆるぎない愛、永遠の、絶対の愛があったから。完全なる愛から始まったからこそ、永遠の絆と、信頼がある。愛と絆と信頼は、イコールで結ばれているのだと実感しています。

だから私は、絶対なる本当の自分をそこに見いだし、本当の自分として、地球で関わるすべてのことに向き合う！

互いに真の自己同士のつながりを共に祝福し合い、その喜びを共に、拡大してゆくことだけに自分を与えきろうと思いました。

それは自分という一つの宇宙の創造主としての責任であるし、同時に、宇宙のあらゆるすべてのすべての中の一つである自分としての、最も大切な役割だと感じるからです。

そしてそれが、この星に今いる自分にとって、そして宇宙にとって、互いに幸せを広げることだと確信するからです。

本当の自分と、本当のみんなと通い合える、大きな宇宙大のハートを持つ人になろうと思います！

ハートがあるから必ずつながってゆける。

その真実に、心から感謝と愛を贈ります。地球にいるすべての皆さんに、愛をこめて！

「愛の共振・行動」　瑞穂

私達は、太陽の光と地球の大気・水・土に育まれて生かされています！　この当たり前の事を忘れたり、自然の恩恵に感謝するどころか、自分達の存続のための道具として、消費と破壊を人間は進めてきました。誰もが、本当はどうすべきかわかっています！

この地球は特別な星なので、あらゆる体験を通して成長ができるように、人々が何をしてもOKとして、地球は永い間、私達の無茶に耐えながら、環境と場を与えてくれました！

地球がダメになったら、他の星へ行けばいいじゃん！　という訳にはいかないのです。

宇宙の雛形が地球、地球の雛形が日本だからです！！

今、日本に居られる皆様は、とても重要な使命・役割をもって存在しています！

昨年は地球にとって、そして今年は日本にとって、とても重要な時を迎えました！

生まれた時に、様々な事を忘れてしまってはいますが、内なる想い、真の自分の声に、耳を傾けて下さい！！

そして、大切なものを護るため、一人ひとりと全体で、愛の共振・行動をしてまいりましょう！！

「愛の星　地球へ！」　京子

二〇一三地球維神メッセージを贈らせていただきます。

――私達の住まう星、地球。

宇宙飛行士が宇宙から地球を見た時に、「なんて美しい星なのだろう」と、言葉にならない感動に包まれるそうです。私達も宇宙から地球を眺めてみましょう！碧い海が拡がり、大陸があり、川や湖に水が満ち、山々があり、数百万種という動植物と私達が住まう、青い星が宇宙に浮かぶ姿は、どれほど美しいのでしょう……。

私は、ある日のアカデミーのセミナーの帰り道に、次のことを思い出しました。

遥か昔、まだ肉体を持たない霊として「宇宙の一なる根源」にいた頃に、この美しく輝く星に憧れて、「あの星に行きたい！　あの星で肉体を持って、多くのことを体験し、成長したい！」と強く願い、多数の希望する霊から選ばれて、未知なる体験への希望と好奇心に満ち溢れ、この地球にやって来たことをです。

次に、私は初めて憧れの地球に降り立った瞬間を想像してみました。

肉体を持ち、二本の足で地球の大地を踏みしめた感触。頬を撫でる風のくすぐったさ。

よせては帰る海の波音の心地よさ。鳥たちのさえずりの愛らしさ。川の流れと水の冷たさ。木々や花々の色鮮やかさと可憐さ。口いっぱいに広がる果実の甘酸っぱさ。頭上に広がる空の青さ。雲の白さ。燦然と輝く太陽の眩しさ……。

それらを体験した瞬間、私は大きな歓びに包まれ、見るもの全てが美しく、愛しく感じました！魂がうち震え、地球が在ることへの感謝が溢れ、

「この美しい地球と永遠にともにありたい！　この美しさを永遠に護りたい！」と願いました。

地球とは、私たちの成長の場として、宇宙が創造したものでした。

だからこそ、地球は私たちを無条件で受け容れ、分け隔てなく住まわせ、必要なもの全てを育み、与えてくれているのだと分かりました。

人類が地上で何をしていようが、今、この瞬間まで一時も絶えることなく、それは続いてきました。

では今度は、「地球」になって、感じてみましょう！　地上にいる私達を眺めてみましょう！

すべてを受け容れ、許し、育んでくれる地球から、私達に贈られている不動の『愛』を感じませんか？

なぜ地球は不動の『愛』で私達を育んできたのでしょう？　地球の願いとは何でしょう？

地球になってみて感じることは、地球に住まうすべての存在が、互いを大切に想い、慈しみ合い、愛し

合い、成長することを、ただただ願っているのだと思います。

私達は母なる地球に育まれていますが、地球は太陽があるからこそ、存在しています。

地球もまた一瞬たりとも休むことなく、輝き続ける太陽によって育まれているのです。

そして、太陽系の中心である太陽もまた、宇宙により育まれているのです。


では、あらゆる全てを育む「源」とは、何でしょう？

それは、地球が私達に贈っているのと同じ、不動の『愛』であると思います。

あらゆる全ての存在の源である「愛」に気づいた時、「やはり私も愛からできているんだ！　私とは愛のひとかけらだった！！！」と気がつきました。

「愛からできているなら、愛になればいい！　そうすれば、すべてうまく行く！」と思いました。そう思えば思うほど、どんどん「愛そのものになること」を強く願う自分がいました。「愛そのものになること」こそが、地球が私達に願う「成長」であると分かったのです！


地球に住まうすべての存在が、互いを大事に想い、互いの幸せを願うようになった地球を想像してみてください！

そうなった地球は、宇宙で一番美しい「愛の星」として輝いていると感じませんか？

不安、心配などの恐れや争いが一切なく、みんなを愛し、みんなに愛され、地球を愛し、地球に愛され、愛でひとつに結ばれている地球に在るあなたは、どんな感じがしますか？

幸せで嬉しくて、満ち足りていて、優しく微笑んでいるのではないでしょうか！

あなたが愛であること、すべては愛からできているという視点で、ぜひ周りを眺めてみてください！

道端に咲く名も知らぬ花に、空の青さに、太陽の輝きに、店員さんの笑顔に。そして「おかえり」と迎えてくれる家族に、人々の親切に、愛が周りに満ちていることに気がつくでしょう！


あなたが愛を感じる時、あなたのハートからは愛が溢れ、相手の愛と共鳴しています。

愛と愛が一つになり、さらに大きな愛が生まれています。

こうして、愛は、この瞬間もどんどん生まれ、大きくなり、宇宙へ広がっています。


さあみんなで、地球に対する感謝を、地球に初めて降り立った時に感じた愛を地球に贈り、地球に住むすべての存在に愛を贈り、地球丸ごと愛で満たしましょう！

それこそが、地球の願いであり、地球、宇宙に対する何よりの恩返しだと思います！

あなたのハートから溢れる、美しい輝きである愛を、周りの人々と地球に贈ってみてください！

あなたの愛が地球に届き、地球の愛と一つになっているのを感じます！

私もあなたに最大の愛をお贈りいたします！

ともに、宇宙で最も美しい、愛の星『地球』を、ハートから溢れる愛で創ってまいりましょう！！！

――地球の美しさを思い出すことで、地球への「愛」を思い出しました。

地球の気持ちになってみることで、地球の願いが分かりました。

私たちの住まう地球を「美しい愛の星」へ！！！　ともに創ってまいりましょう！

「護りたい」　一子

地球は、神そのもの。「地球維神」の言霊からは、そのように感じられます。

――野辺に咲く花を観るとき、何を感じるでしょうか。

ただ、その花をじっとみつめて、花を感じて、花と対話すると、そこに生命の美しさを感じます。

もし、私が詩人であったなら、その花の生命の「動」を、詩という「静」にして、永遠にその感動を伝えたい。

普遍の花をそこに見出せたなら、私は花と一体化しているでしょう！

大自然はすべてつながっている。私たちは、皆つながっている。

愛といういのちでつながっている。「地球」は、何と美しい生命体だろう！

神である「地球」を護りたい！　愛で包んで、守りたい！

「愛の地球維神」からすｗｗ

皆さま、こんにちは！　地球維神のメッセージを贈らせていただきます。

――この地上に生まれた目的は何でしょうか？

私は「地球維神」だと感じています。この地上を「愛」で満たすこと。そのために「ハート」を開くことから始まりました。

「ハート」は自分の中心にして、すべてとつながる「ゲイト」であり、エネルギーの送受信装置だとわかりました。

この地球、太陽、宇宙と、すべての存在の中心でつながっていることに気づいたとき、膨大なエネルギーが流れ込みました。それが「愛」だと気づきました。

愛とは、慈しみ、歓喜、護り。様々な側面を持つすべての本質であり、すべてを活かすエネルギーであると感じます。

『贈ったものが贈られる』。この宇宙唯一絶対の法則に従い、「根源」とよばれるこの宇宙の中心に向けて、自分のハートから「愛」を贈ってみます！

すると、「根源」から太陽を通して、この地球全体に「愛」が贈られることを実感しました！

さらに、「地球維神」を目的にした仲間にも巡り会いました！！！

「根源家族」と呼び合える仲間です。皆それぞれに、この地上から「地球維神」を成就させようと、「愛の意志」を持って、学びと実践を重ねています。

お互いが信じあい、支えあう、「信頼」という「愛の絆」によって、ひとつに結ばれています。

一人ひとりが全開で愛を贈れば、その愛が大きなエネルギーとなり、「地球維神」の原動力となることも実感できました。

地球維神とは、「地上と高次の愛のアセンション・プロジェクト」であると感じます。

アセンションとは、この地球と宇宙の次元上昇だと言われています。

私たち一人ひとりの進化＝神化であるとも感じます。

「次元上昇」「進化＝神化」とは、自分が「愛」そのものだと思い出し、愛を伝えていくことで、成っていくのだと実感しています。


なぜなら、アセンションとは自分のためのものではないからです！

この地球と宇宙全体のアセンションのために、自分のすべてを懸ける！

その「愛の意志」「意志の愛」が、自分のハートから発現された時に、自分の進化＝神化となり、全体の次元上昇＝アセンションにつながるのだと感じます。


自分の中心「ハート」を、地球の中心「ハート」に重ね合わせてみましょう！

すると、自分が地球の中心軸になったように感じられます。

まず自分のハートから愛を贈ります。

さらに自分の足元から、真っ赤な「愛」のエネルギーが、一気に頭上まで垂直に上昇することをイメージします。

こうすることで、地球全体、愛のエネルギーが行き渡ることを感じられます。

宇宙の中心「根源」に愛を贈り地球の中心「ハート」に愛を贈る。

すべての人がこうすれば、一気に地球がアセンションするのではないでしょうか！？

そのためにも、まず自分から「愛」を贈り続けます。

この宇宙の中心「根源」に向けて、この地球の中心「ハート」に向けて、そしてこの地球と宇宙のすべての存在に向けて、「愛」を贈ります！

そして、ひとりでも多くのひとが愛に気づき、愛となって、ともに愛を贈りあうことができるよう、さらなる学びと実践を重ねます。

永遠無限の愛と感謝を、皆さまへ贈ります。


――私は、A・i先生の「天の岩戸開き」の本を、約三年前に購入し、「地球維神」という言霊が響きわたって、この地上での自分のミッションに目覚めました。

皆さまとともに、このタイミングでこの地上に居られることに感謝し、この地球と宇宙すべてのアセンションに貢献できるよう、ハートを全開にして愛を贈り続けてまいります！！

一なる根源の太陽とともに！

「愛の共鳴」　明美

私は現在、伊勢市に住んでいます。

今年二〇一三年は、伊勢の式年遷宮も執り行われる年であり、まさに古いものを新しくする象徴的な年でもあると感じています。

そのような二〇一三年が、一人ひとり、日本、そして地球の真のアセンションの本番始動へ向けて、動き出していると感じます。

地球を【愛の星】へアセンションさせるプロジェクトである、【地球維神】！

それには、地球に住む、人類の意識が重要である！　と感じています。

まさに、ひとり一人が【愛】に成り、【愛】のシナジーが起きたなら、それが【地球維神】となり、【愛の星】の創造となるのだと思います。

日本は、地球のひな型であると言われていますので、【地球維神】は、まず日本人&日本から始動していくと思います！

日本に住む私たちが、まず【愛】に成り、日本を【愛の列島】に！

そのために、日本の皇紀元旦の二月十一日を中心に、【地球維神】に意識を向けてみました。

それは、【日本とは!?】【日本人とは!?】へ意識を向けることになると思いました。

伊勢神宮の式年遷宮の目的の一つも、日本人の核心の継承であると思います。

大切なものを護り、継承していくには、絶対に揺るがない【意志】が、とても重要だと思います。

皆さまと共に、【地球維神】を成功させたいと心から願っています！

みんなの【ハート＝愛】から、すべてがスタートすると思います！

愛と愛の共鳴で、美しい星【愛の星】を、共に創造して参りましょう！


【地球維神】という言霊は、わたしたちの中心に響いてきますね！

何かとても大切なことを思い出していくような感覚ではないでしょうか？


私たちにとって、最も大切で、永遠に守っていきたいものは！？

【地球維神】という言霊は、それを、思い出すきっかけになるのではないでしょうか？

その「ハートの共鳴」が、どんどん大きくなっていくことを、楽しみにしています！

「まほろばの星」　弥和

まほろばの星「新（神）・地球」の建国に向け、二〇一三地球維神メッセージをお贈りします。

「まほろばの星、地球へ！」

どんな状況にあっても、人を思いやり、慈しむ、暖かなお日様のような優しさ。
我が身に変えても、本当に護りたいものを護り抜く、強い愛の意志。
大和心は、この宇宙で最も大切なものである「愛の姿」を表していると思います。
日本人のみならず、地上に生きるすべての人々が、この愛を持っています。
なぜなら、宇宙のすべては、一なる根源の愛から生まれ、愛を継承しているからです。

地球維神とは、自分維神であり、地球に住まう一人ひとりが、本来持っている愛を思い出し、ハートから愛を輝かせ、愛そのものになっていっていくことだと思います。
それが、一人ひとりのアセンションであり、一人ひとりから発せられる愛のエネルギーが、隣人から地球の隅々にまで伝わって、拡大しながら溶け合い、「地球まるごと維神」「地球全体のアセンション」へと繋がっていくと、私は信じています。

地球を「まほろばの星」へ、アセンションを遂げた「愛の星」へと変える、大きなエネルギー。それは、あなたの【愛】！

地球に住まう、一人ひとりすべての人の愛が、アセンションを遂げる推進力となるのです！

誰か特別で特殊な人がやってのけることではありません。
あなた自身。地球人である一人ひとりが主役なのです。
真剣に、あなた自身が愛に成ること。あなた自身が愛で幸せになること。

主役であるあなたの役は、とてもシンプルです！
人が最もそうありたいと願う姿そのものなのです！
地球維神。それは誰もが主役のアセンション！

第三章
二〇一三の基礎

神宮の参道

エネルギー

二〇一三アセンションの重要なことについて、第一章と第二章を通して、皆さんだいたい、掴んでいただけたと思います！

この第三章では、二〇一三とそこから先の本格アセンションへ向けて、「基礎編」として、ポイントを整理していきましょう！

二〇一三からの本格アセンションへ向けて、まず重要なこと。その準備とは、どのようなことでしょうか！？

それは、第一章と第二章でご紹介したコンテンツのように、我々のアカデミーの中での、コアのライトワーカーの皆さんのプロセスを振り返ってみるのが、最も分かりやすいと思います。

※そして二〇一三年のアセンションは、一人ひとりと全体にとって、そこから先のすべてのアセンションの重要な『ひな型』となっていきます！！！

まずは二〇一三年の新年一月。公式セミナーでは、二〇一三アセンション・プロジェクト全体のアカシックについてのメッセージや、大枠のプロセスの俯瞰を行いました。

そしてアカデミーの一月の主なテーマは、一人ひとりの「二〇一三アセンション・プロジェクト」の計画を創ってもらう、ということでした！！！

やはりすべての元となるのは、計画、目的、ヴィジョンであると思います。何を成し遂げたいのかという目標です。

それはハイアーセルフからのメッセージでもあり、そしてハイアーセルフにつながる重要なツールともなっていきます！！！

ですから、まず皆さんもぜひ、「目的」「目標」を立ててみてください！

そしてもちろん、計画を作っただけで終りでは、役に立ちません（笑）。

重要なのはそのプロセスであり、具体的な実行です。

それが、地上セルフの実践と創造そのものなのです。

そして古来より、「真の天才とは、生まれ持った何かではなく、『どうやって成し遂げるか』、その方法を知っている人」であるとも言われます。

ゆえに「目標」と「プロセス」、その両方が重要なので、ぜひ取り組んでいただくとよいと思います！

千里の道も一歩から！　一歩を踏み出せば、必ず近づいていきます！　そして皆さんのハイアーセルフ連合がよく言う標語の一つも、「今やらなければ永遠にできない！」なのです！

そして、皆さんが創ったその計画と実践プログラムについて、その内容と「成功の可能性」を、適切に検証し、アドバイスできる人が身近にいればベストです。

二月は、「地球維神」をテーマとしたライトワークを行いました。
各自がそのエネルギーにフォーカスをし、エネルギーワーク等の実践を行い、そして世界へ向けても、メッセージの発信などを行いました！
その結果、二月のコンテンツでご紹介しましたように、素晴らしい成果となりました！

ですから皆さんも、「アセンションの法則」（「天の岩戸開き」参照）として、身近なことからでもＯＫですので、今すぐにできる「ライトワーク」を、日々行っていただくとよいと思います！

アセンションの法則は、宇宙の法則とイコールですので、「贈ったものが贈られる」のです。
ゆえに、自分のためにだけ何かをしようとしても、宇宙のサポートのエネルギーは動きません。しかし皆のためになることなら、たくさんのエネルギーが動きます！　メッセージ等も、受け取りやすくなります。

あらゆるすべては「エネルギー」です。あなたの今この瞬間の意識やエネルギーも、何らかの形で、地球全体、宇宙全体に影響を与えているのです！（バタフライ効果のように）

それを意識的に、皆さんに少しでもプラスとなるよう、よりよいエネルギーを贈っていく、増やしていくのが「ライトワーク」です！

そしてそれは、二十四時間、何らかの形で行うことができるものです。そうすれば、皆さんも、立派な「ライトワーカー」となります！！！

三月のテーマについては、次の「ハート」の項でお話しますので、まずは四月のテーマについてです。

四月の全体のテーマが、「エネルギー」でした。

あらゆるすべてはエネルギー！　宇宙のすべては、エネルギーで成り立っている！

皆さんという存在もです！

それがすべての基本であると言えます。ゆえに、アセンションの学びと実践においても、「エネルギー」というテーマは、常に重要となっていきます。

さらに、二〇一三年からのアセンションにとっては、特に！！！

宇宙、太陽系、地球。そしてライトワーカーたちのアセンションはますます加速し、動くエネルギーも、受け取るエネルギーや情報も、日増しに大きくなっています。

ますます、三次元的な情報ではなく、「エネルギー」そのものでないと受け取れなくなってきた、ということなのです！！！

では、「エネルギー」が真に分かるようになるには、どうしたらよいのでしょうか!?

それが皆さんの主要なテーマの一つであると思いますし、ライトワーカーたちの、特に「地上セルフ」にとっても、日々のテーマとなっています。（笑）

そのためには、一言で言えば、「日々意識を向けて、感じ、有用なツールを実践するしかない！！！」ということです！　アカデミーのメンバーも同様です。

皆さんのハイアーセルフはとても優秀なのですが、地上セルフは、必要な訓練を積んでいない人が多いからです。

そのための有用なツールはアカデミーにありますが、口伝かつ、実際にエネルギーを検証しながらの指導・サポートが必要となります。

トータルでは、やはり各エネルギーセンターの活性化が基本となりますので、皆さんもぜひ取り組んでいってください。

※この「エネルギーが分かる」「エネルギーの活性化」のためのワークは、皆さんも感じておられると思いますが、いくらたくさんの書物を読んでも、情報を集めても、それだけでは成しえないということです。

これまでに何らかのエネルギーを感じたことがない人はいないと思いますので、探求と実践の度合いが重要であると言えます。

ただし、「愛の使者」の本で詳しくお話していますように、現在、地上にいるライトワーカー&その卵の皆さんの系統では、いくつかのノウハウを掴むことが必要となります。

それについても我々のアカデミーでは行っていますが、一人ひとりの宇宙史のように、一人ひとりの特徴が異なり、各自のエネルギーセンターの活性化の特徴や度合いと関係するものですので、やはりマンツーマンの指導がベストです。

それらをトータルして、中今の結論を言いますと、すべてのエネルギーセンターの活性化に延々と取り組んで、なかなか進まなくなるよりも、次の項でお話しする「ハートセンター」の活性化をまずは中心とし、優先とした方が、様々な意味で速く進むということも、重要なノウハウの一つですのでお伝えしておきます。その意味については、次の項でお話しします。

そしてもう一つお伝えしておきたいのは、自己の意識、肉体という「神殿」の「クリスタル化」も重要であるということです。

アセンションとは炭素系生命体（肉体）から、ケイ素系生命体（ライトボディ）へのシフトであるとも言われます。

「クリスタル」（水晶）のように透明で、美しい意識と波動にならないと、『光』を入れることができません！

これについてもアカデミーでは、有用なコンテンツを創り、皆で実践していますが、皆さんもぜひ「クリスタルの神殿化」に意識を向け、進めてみてください。

そして我々のアカデミーでは、二〇一三年版の『クリスタルの神殿化』を、四月の前半に進めていきました。

すべてのベースとなるものであり、特に二〇一三からのアセンションにとっても重要であるからです。

※二〇一三アセンションとは、その奥義の一つとして、二〇一三のエネルギーでできた、二〇一三アセンションの『神殿』を、一人ひとりと皆で、宇宙大に創っていくものなのです！！！

そのためのワークを、四月は進めていきました。まずは二〇一三年版の『クリスタルの神殿化』。

そして「ハート」を中心とし、全開ＭＡＸとし、原動力として！！！

二〇一三アセンションの神殿の柱を立て、延ばしていく！

これは「クンダリーニ」の上昇となっていきます。

このワークは、二〇一三年の終りへ向けて完成させていく予定となっています。

これらのワークに関連する皆のレポートは、第四章でご紹介します。

ハート

三月には、第二章のように、集合意識とのコラボのイベントで素晴らしい成果となりました！

そしてアカデミーでは、三月からが、二〇一三アセンション・アカデミーとしての本格始動となりました！

前項でお話しましたように、三月は、先に「ハートの活性化」（全開！）を中心に進めました。

これは本来はアカデミーの「入門コース」（「根源へのアセンション」参照）の第二ステージなのですが、エネルギーセンター（チャクラ）の「ハートセンター」（「愛の使者」参照）は、すべてのチャクラの中心であり、そして誰にとっても分かりやすく、活性化しやすいからです。そして最も重要なセンターであるからです。

一人ひとりと全体の中心であり、核心です。そして地上セルフにとっては、ハイアーセルフや、すべての高次とつながる「アセンション・ゲイト」の中心となるからです！！！

ハートセンターのエネルギーとは、【愛】そのものです。

【愛】。それは一人ひとりにとっても、宇宙全体のすべての観点でも、最も重要なものです。

すべてはそこから始まり、そして無限の進化へ続く……！！！

アセンションの「核」です。そして一人ひとりにとっても、宇宙全体でも、「核」であり、「核心」であり、中心です。


真のアセンションも、【愛】から始まります！

そのすべての「動機」が【愛】だからです。


そしてひとたび、真に「ハートの扉」が開いたなら、それは二度と閉じることはありません！！！　それは真の世界との融合であり、一体化。すべての真の体験の始まりなのです！！！　真の喜び、幸福への！！！


ハート。それは皆さん一人ひとりの中心。愛の中心。

そして実は、その中心核には、「核の核」があるのです！！！

その「核」とは、皆さん一人ひとりの存在の「核心」そのものなのです。

それはまさに、中心核のクリスタルのようなものであり、「アセンション・ゲイト」の「スイッチ」です！！！

地球の核、その他の天体の核も、実はクリスタルでできている、というお話と似ていますね！

まさに宇宙のすべては、相似象なのです。

この「中心核」が起動すると、皆さんは、まさに「マルテン」の存在となります！

「愛」というひとつの完全な宇宙となり、宇宙全体と真につながっていくのです。

それが「愛の核」であり、皆さん一人ひとりの存在の「核」です！

このクリスタルの「スイッチ」が真に起動した時に、すべてが起動します！！！

そしてその「スイッチ」の起動の源、原動力は、「愛という意志」「意志という愛」であると言えます！

我々のアカデミーのメンバーの約半数は、これまでも、ハートセンターの活性化、愛の活性化を進めてきましたが、二〇一三最新版は、「全開ＭＡＸ！！！」

そしてその「確立」が目標となっています！！！

「いつ、いかなる時も！」です！

まさにそれは、「愛という意志」「意志という愛」であると言えるでしょう！

そしてにそれが一人ひとりにとっても、「真の幸福」であるということに皆さん気づいているのです！

これが、「二〇一三アセンション」の神殿とその柱を創っていく中心、土台、そのものなのです！！！

二〇一三年のハートに関するアセンションの学びと実践の皆さんのレポートも、第四章でご紹介いたします。

皆さんも、レポートや「愛の使者」の本も参考に、ぜひ取り組んでみてください！

きっと、素晴らしく、重要なシフトを体験されると思います！

魂

二〇一三のアセンションの基礎となる、三つめのテーマは『魂』です。

『魂』とは何でしょうか!? 皆さん、漠然とした感覚が多いのではないかと思います。

前著でも、『魂』については、あまり詳細には扱ってきませんでした。

その主な理由は次のようなものです。

『魂』を真に扱う場合には、必然的に「五次元」を扱うこととなります。そして同時に「神界」も。

そのためには、前述のように、まずは各エネルギーセンター(チャクラ)の活性化を行い、四次元以上のエネルギーがある程度分かることが必要です。

さらに、ハートセンターが活性化しないと、地上セルフが真に『魂』につながることができないのです。

ゆえに、我々のアカデミーでは、まずはアセンションの入門コースのステージ1として、各エネルギーセンターとその活性化について詳しく学び、実践し、次にステージ2として、ハートセンターの活性化を行っていきます。

そしていよいよステージ3が、『魂』とのつながりとその確立となるのです!!!

ステージ3では、まずは「五次元」「五次元学」についてできるだけ詳しく学び、実践し、体現していきます。
そして「五次元」についてある程度理解でき、その波動になってきたら、『魂』について、そのつながりと確立について進めていきます。

※並行して、ステージ2の「ハート」の活性化がある程度できてきたら、「神界」とのつながりも進めていきます。

前述のように、これができないと、『魂』の真の波動につながらないからです。
宇宙と高次では一般的と言える(?)「五次元学」は、天界的なエネルギーでもつながりますが、『魂』とは、真には『神界』に属するからです。
そしてこれは、日の本に住む者の天命、使命であると言えます。

なぜなら、『魂』の本質とは、宇宙そのもの=宇宙創造主=根源神=太陽神の分神であり、分御魂であり、「子供」であるからです。

これが分かると、地上セルフから観た、自己の最初の本源である『魂』とのつながりが急速に進んでいきます!!!

そして根源の中心へ向かう、神界の、無限のつながりにも気づいていくのです!!!

――真のアセンションのすべてがそうですが、アセンションの重要な基礎となるこれらの三つの主要なテーマも、机上の学問だけで体得できるものではなく、そのほぼすべてにおいて「実学」「実践」が重要であるということが分かると思います。

そしてすべてはエネルギー！　波動！　次元！　この正確な検証、指導、サポート、そして実際の体験が重要となっていきます。

アカデミーのメンバーはこのプロセスを着々と進め、この原稿を書いている現在は五月の後半ですが、二〇一三年五月のテーマのまとめに入っています。

四月までに、一人ひとりができるだけ全体の動きに追いついてきましたが、五月の最初のテーマの「五次元」は、初めて進むメンバーも約半数おり、これまでにある程度進めているメンバーも、地上セルフとしての詰めは、まだまだ無限に必要です。

アセンションにおける、すべての一つひとつも、この入門コースの各テーマも、無限の奥行きとレベルがあります。

真にアセンションが進めば進むほど、それが分かってきます！！！

皆さんのハイアーセルフは素晴らしく！　かなりいろんなことを分かっているのですが、地上セルフの知識、学び、訓練がまだまだです。

ゆえにチャンネルができただけでは不十分であり、日の本のミッションである「神人」へ向けて、地上セルフとハイアーセルフが真に一体化していく、明確に言うと、「地上セルフがハイアーセルフのレベルになる」ことが必要なのです。

※これが真の「神人一体」です！

そして二〇一三年五月のテーマは、アカデミーではまずは「五次元」についての復習と学び、そして次に『魂』についての復習と学びを進めてきました。

さらに『魂』の本質として「フォトン」（光子）が関係しますので、それについての復習と学びも進めました。

このように、『魂』というテーマは、我々のアカデミーの入門コースのように、まずは各エネルギーセンターの理解と活性化、特にハートセンターの活性化、そして五次元学の理解と実学（実践）、さらに「神界」とのつながりの上に真には成り立つのです。

このさらなる詳細は、本書では書ききれませんし、アカシックとしても、（＊地上のアカシックが存続するならば！）二〇一五年の一年をかけて、アカデミーでも詳細に取り組み、一人ひとりが真の五次元の確立を進めていく予定です。

一つひとつのテーマが、その真の「体得」＝マスターには、最低一年はかかるものばかりです。また、すべて重要なテーマばかりです。

※特にこの入門コースの三つのテーマは、人として、日戸として、真に幸福になり、自己の真の創造主となり、望む現実と未来を創っていくために不可欠なものです！！！

※この三つのステージがある程度進むことにより、速い人は、「ハイアーセルフ」とのつながりとコンタクトも進んでいきます。

なぜならば『魂』とは、地上セルフから観た最初の「ハイアーセルフ」であるからです。

そして二〇一五年には、トータルの「五次元」を含めた、ガイドブックをお届けしたいと思っています！

「五次元」というテーマは、周知のように、真のアセンションへ向けて不可欠のものです。真にアセンションした最初の段階＝「五次元」であると言えます。

それは真のハイアーセルフとのつながりであり、一体化であり、「神人」の最初の段階です。

そして！　それはこれまでの地球における進化の主なゴールでしたが、中今のアセンションでは、それが真の「スタート」なのです！

特に、日の本のライトワーカーとして！！！

ぜひ皆さんも、その道を、今回生まれてきた真の目的を、歩んでいっていただきたいと思います！

二〇一三年五月後半の中今、アカデミーのメンバーは、五月の第一弾の「五次元」、第二弾の『魂』（&フォトン）をある程度終えて、第三弾のテーマに入っています。

三月の入門コースのステージ２「ハートの強化」では、「ハートの全開ＭＡＸ」（二十四時間！　常に拡大！）の「言挙げ」と実践を、皆が行いました。

そして五月の入門コースの「五次元」の強化では、「ポジティヴ一〇〇パーセント」（二十四時間！　常に拡大！）の「言挙げ」と実践を、皆が行いました！

「五次元」のエネルギーとは、一言で言うと、「ポジティヴ一〇〇パーセント」（全開ＭＡＸ！）です！！！

※なぜなら、五次元とは、「純粋な光」の最初の次元であり、「純粋な光」ですべてが成り立つからです。

そして「ポジティヴ一〇〇パーセント」（全開ＭＡＸ！）が、「光」の本質であると言えます！

さらにその本源が『魂』であり、魂の本質なのです！

魂のエネルギーとは、創始の、根源の、神界の「フォトン」そのものです。
生まれたばかりの赤ちゃんの魂を観察すると、よく分かると思います！

このように、我々のアカデミーの入門コースのステージ２「ハートの全開ＭＡＸ！」と、ステージ３の「ポジティヴ一〇〇パーセント！」の「確立」を行うと、それがまさに「最強」のものであるということが分かると思います！

一人ひとりと皆の幸せのために！！！

※そしてこの二つの確立が、中今でとても重要であり、すべてがそこに集約されていくのです！！！

アカデミーでは、中今のハートのトップ＆コアのエネルギーを主に「赤」で表現しています。これが重要なポイントです！

それには、いくつか理由があります。まず「赤」というのは、基底のチャクラ、クンダリーニ、「意志」の第一光線につながるものだからです。ゆえにクンダリニーの発動と上昇＝アセンションとつながり、ハートの活性化とも連動していきます。

「愛の意志」「意志の愛」となっていきます！

次の最も重要な理由としては、『日の丸』につながるということです！！！

自己の中心が赤のハートにつながると、根源の太陽神界につながりやすくなるということなのです！

それが実際に中今のアセンションの直通、最短コースとなっており、アカデミーのメンバーのほぼ全員が、成し遂げつつあります！

そして神聖な魂、フォトンの確立。

それが『日の丸』の神聖な純白の部分にあたることが分かるでしょう！！！

いかがでしょうか！？

これが、【愛】というハート、太陽を中心とした、日の本の一人ひとりと全体の『魂』を表すものであると感じられるのではないでしょうか！

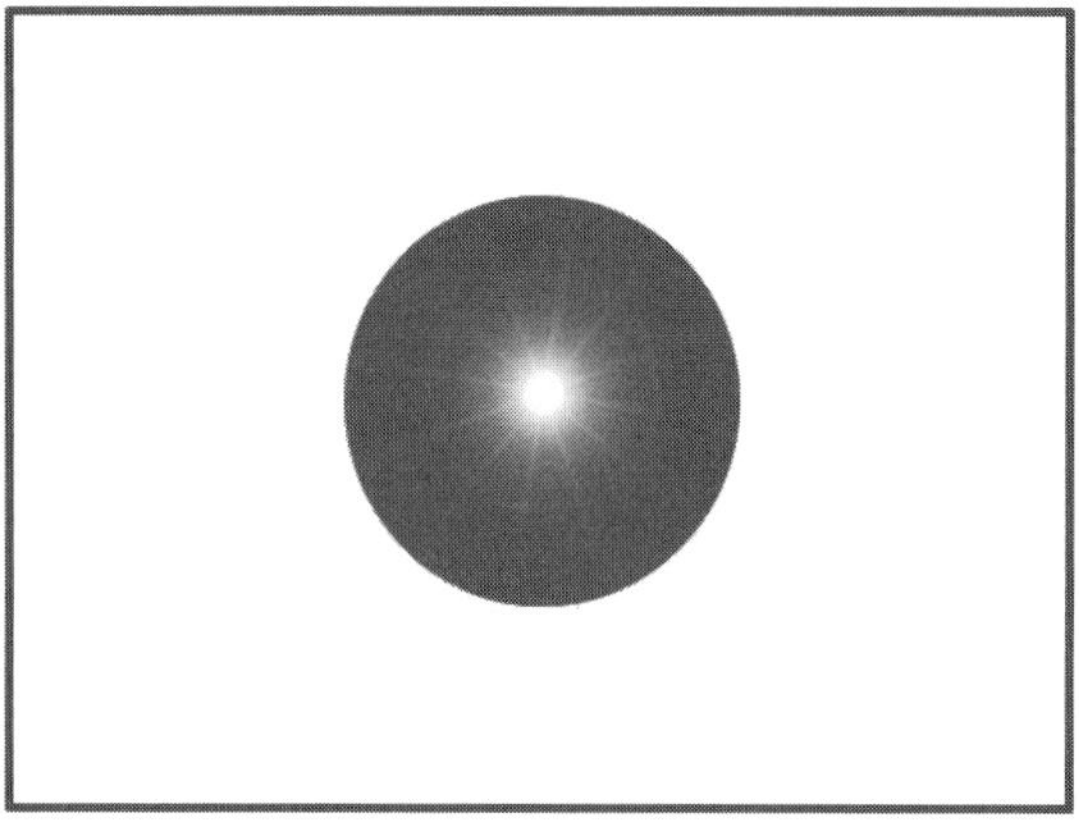

このように、トップ&コアの「奥義」とは、隠されているようでそうではなく、最も重要な、大切なところにあるということが分かるのではないでしょうか！！！

そしてまさにその通りなのです！！！

この『日の丸』というテーマは、中今の、核心のテーマなのです！！！

日の本におけるアセションは、『日の丸』に始まり、『日の丸』に終わると言えます。

そして私たち、日の本の一人ひとりと全体を表すものなのです！！！

――そしてまさに我々のアカデミーでも、二〇一三年五月のアセションのまとめと、中今のテーマが『日の丸』となっています！！！

これらの皆さんのレポートも、次の第四章でご紹介していきます！

第四章

二〇一三のツール

風日祈宮

クリスタルの神殿

第三章までのコンテンツにより、「二〇一三アセンション」の重要なポイントについて、だいたい理解していただけたと思います！

この章では、アカデミーのメンバーによる各テーマの実践レポートをご紹介しますので、さらに理解を深めていただき、参考にしていただければと思います。

「宇宙の『秘』の大神殿！」　Ｌｏｔｕｓ

皆さま！　二〇一三年四月の上旬に、宇宙の高次全体で、とても重要な動きがありました！

詳しくは、四月十三日の公式セミナーでのＡｉ先生のお話を参照していただくとよいと思いますが、中今の二〇一三年四月のテーマ、そして二〇一三年全体のテーマとも関わる超重要な内容ですので、地上のコアのライトワーカー、そして宇宙の愛のネットワーク全体へシェアしてくださいとのことです！

その出来事は、Ａｉ先生と、四月のテーマの進め方について打合せをしている時に起こりました！

突然、Ａｉ先生が黙られて、「宇宙全体の愛のネットワークが、今、重要なことを伝えようとしている……！」と！

それは、中今と二〇一三のトップ&コアの、『日の丸』ワークそのものであり、さらに次のシフトであると……！！！

その中今とこれからの宇宙全体、ハイアーセルフ連合の「計画」とは！

それはなんと！　中今の四月から、二〇一三年全体のテーマの、コアのライトワーカー一人ひとりの十三次元の神殿化。それを宇宙全体の十三次元の神殿化へ！

「愛の宇宙大神殿」へ！！！　とのことです！！！

（＊富士山の噴火の危険性も高まっていると言われていますが、地球人類、そして特に日の本の私たちが「愛の大噴火！！！」を行えば、ソフトランディングしていく可能性もあるとのこと！）

宇宙規模の、愛の大噴火！！！　愛の宇宙大神殿へ！！！

『日の丸』とは、球体または平面で観たものですが、それを縦軸で観ると、二〇一三アセンションMAPそのものとなり、二〇一三の愛の宇宙大神殿そのものになっていくのです！

すなわち、宇宙規模の『日の丸』にしていくことが、日の本の二〇一三アセンション・プロジェクトそのものであると！！！

四月のテーマの進め方について相談しようとしたところ、以上のような、ライトワーカー全体へ向けての、全ハイアー連合からの重要なメッセージとなり、コラボとなりましたので、地上セルフの私もこの内容で、このテーマをさっそく進めてみることにしました！

Ａｉ先生によりますと、この四月のテーマは、「ハートの活性化」を十分に行ってからやってくださいとのことです！

《実践レポート》

「二〇一三　愛の宇宙大神殿！」

最初に自己をクリスタル化し、二〇一三アセンションＭＡＰの神殿となるようにイメージしました。

二〇一三年版のクリスタルの神殿化は、潜在的に四~十三次元までを含みますので、この時に、これまでの神殿化とはレベルが違うことを認識しました。

ハートの器となるクリスタルの神殿、愛の聖母庁の器となるクリスタルの神殿、そのことをイメージしている時に、あるヴィジョンが来たのですが、同時に寝てしまいました……(爆)。

※夢の中での続きが、次の内容となります。

――自己が透明なクリスタルの神殿と一体になり、ハートからマグマのような愛が上昇し、それが愛の中の愛、本当の神聖な愛となって、一気に大噴火しました!

さらに、一人ひとりの神殿が、宇宙すべての神殿と一体となり、宇宙規模の神殿となり、『日の丸』となって、宇宙の愛の大噴火が起こったように感じました!!!

この大噴火によって、愛が宇宙のすべてに行きわたり、宇宙を愛で埋め尽くす情景が浮かびました。

前述の、Ａiｉ先生とハイアー連合からの内容を受けて、自分自身もクリスタルの神殿のワークをしていましたが、宇宙レベルで愛の大噴火が起こっていたみたいです！！！

ライトワーカー一人ひとりが、クリスタルの神殿を真剣に実践した時に、宇宙レベルの愛の神殿、『日の丸』の神殿が創造され、宇宙の愛の大噴火！！！　が起こるのだろうと思います。

宇宙の愛の連合の、地上セルフである皆さんも、ぜひ実践してみてください！

Ａｉ先生監修で、メンバーに創っていただいた、中今の『宇宙の愛の大神殿』の画像を参考にお贈りします。ぜひ活用してください！

ハムハムハムハムハムハムハムハムハム♪
ハムハムハムハムハムハムハムハムハム♪
ハム♪♪♪ハム♪♪♪

――次に、子供の部のクリスタル・アセンション・アカデミー、メンバーたちの、四月の実践レポートをご紹介します！

「『クリスタルの神殿化』実践レポート」ティアラ（十三歳）

《実践レポート１》

「クリスタルの神殿化」のワークを本格的に行ったのは、初めてでした。

この肉体という器を、クリスタルの神殿にする！と思って実践しても、すぐに「頭」でそれを考えがちになってしまうことに気づきました！

私は、今までは、真にはクリスタルの神殿化をしていなかったんだと思いました。

頭で考え過ぎだということに気づきましたので、真のクリスタルになれるよう、がんばります！

《実践レポート２》

まず、自分の体がクリスタルになったとイメージをしました。

すると、体が本当にとっても透明な神殿になった感じがして、自分が小さかったころの感覚をなんとなく思い出した感じでした。とてもピュアで、まさに光しか通さないクリスタルのエネルギーでした。

そのエネルギーのイメージは、水晶そのものという感じですが、透明で、神聖で、とても清らかな水のような感じもします。

色のイメージは透明なのですが、表現する時には、黄色やピンクではなく、水色系のエネルギーという感じがします。

「クリスタルの神殿化」のワークを行うと、太陽と虹のようなエネルギーも感じます。

澄んでいて、とてもクリアなエネルギーが水晶のようだと思います。

私は、今までエネルギーワークについては、真にはよく分かりませんでした。

これまではハイアーセルフがやってくれていたので、それに気づかなかったのです！

今回、真に地上セルフの力でやってみた時に、どれほど頭で考える癖がついていたかが分かりました。


そして、Ａｉ先生の個人セッションの時に、Ａｉ先生が「ティアラさんの地上セルフは、『クリスタル化』をやっているようで、実はこれまでやっていませんでしたね」とおっしゃった意味が、本格的に実践してみて、ようやく分かりました。

四月十三日の、Ａｉ先生によるエネルギーワークを体験させていただいた時に、エネルギーとは、ヴィジョンを見るものじゃなくて、「感じる」ものなんだ！！！と、真に分かりました！

《実践レポート3》

クリスタルの神殿化をしながらハートを意識すると、高次から、滝のように大量のエネルギーが、ハートに流れ込んできた感じでした！

同時に、自分のハートからも、一筋の赤い光がスーッと上がっていって、まさにハートでエネルギーが小爆発を起こしている感じでした！！！（宇宙の花火のような感じです！）

《実践レポート4》

各エネルギーセンターの活性化のワークを行いました。

リラックスするために、自分が自然界にいるイメージをすると、ソヨソヨ、サワサワと風の音が聞こえてきて、リアルにそこにいるような感覚になりました。

心地よい風、降り注ぐ太陽の光、真っ青な空に鮮やかな黄緑色の草原。

とても爽やかで優しい自然の、癒しのエネルギーを感じました。

私が着ている服は、真っ白なワンピースで、風でふわふわなびいている感じです。

「第一チャクラ　赤」

最初に感じたのは、とても透明なクリスタルの赤のエネルギーです。

キラキラ輝いている感じです。十三次元の聖母庁のようなエネルギーや、第一光線の上昇のエネルギーなど、いろいろな赤のエネルギーを感じました。

基底の第一チャクラの方に意識を向けてみると、ぽかぽか熱くなっていました。

体全体が赤の縦向きの矢印になったような感覚でした。

そして、赤の縦向き矢印の柄の服も着ていました！（笑）

「第二チャクラ　橙」

ここでのエネルギーのイメージは、さっきの赤とは全然違って、お花のイメージでした。

オレンジ色のお花の、優しく包み込んでくれそうなエネルギー。

第二チャクラの場所は、女性で言う子宮のあたりだということで、まさに包み込むエネルギーだなと思いました。


「第三チャクラ　黄」

黄色の世界に行くと、とにかくまぶしかったです。

黄色の光線がバッと目に入り込んできました。

黄色の世界にいると、楽しい気持ちになってきて、テンション（？）が、上がっていく感じがありました。愉快な感じがしました。

友達でも、いつも楽しそうな子には、黄色のイメージがあったりするのは、黄色自身がそういうエネルギーだからなんだ！　と思いました。

「第四チャクラ　ハートの神殿」

ハートはチャクラで言うと本来は、黄緑色をしていますが、ハートの赤のエネルギーを感じてみました。

ハートのエネルギーから包容力や受容性を感じ、ハートに秘める無限のエネルギーを感じました。


次に、ハートの黄緑色のエネルギーを感じてみました。

黄緑色の方は、地上とのつながりが深く、自然界とつながっている感じがしました。

木や水や虹など、自然のエネルギーをとても感じました。


「第五チャクラ　青の神殿」

青のエネルギーを感じてみると、叡智のエネルギーを感じました。

私には、膨大すぎてまったくわからない、マスター方のたくさんの叡智のエネルギーが大量に降りてきました。

地上セルフには、このエネルギーはチンプンカンプンな感じです。


「第六チャクラ　紫」

私は紫から、宇宙を感じました。

第六チャクラは、宇宙からの膨大な情報を受信する場所のような感じがします。

「第七チャクラ　白」

頭頂では、すべてを統合した、すべてを内に含んでいる白いエネルギーを感じました。

頭頂にフォーカスをしてみると、ハートにフォーカスしている時よりも、高次的な感覚になってしまって、浮いた感じになりました。

《感想》
各チャクラのエネルギーをじっくり感じたのは初めてで、真にフォーカスをして、初めて分かることがたくさんあることに気づきました！
そして第五から第七チャクラまでがまだまだ活性化しておらず、感じにくかったと感じました。
これからもエネルギーセンターの活性化のワークを通して、どんどん探求していきます！！！

愛のレポート

この項では、アカデミーの皆さんの、ハートの活性化のレポートや、その実践ワーク、ライトワークとしての愛のメッセージなどをご紹介します。

ぜひ参考にしてください！！！


まずは三月に取り組んでいただいた、「愛（ハート）のアセンション日記」です。

「愛のアセンション日記」　国丸

1.「愛というテーマ」
私は今、大学生ですが、【愛】というテーマは、私にとって子供の頃からとても関心があり、大切なものだと感じていました。

そしてそれが真に何なのかを体験し、伝えていきたいと思ったことが、私がアセンションを学び始めたきっかけでした。

多くの皆さんも、【愛】がとても大切なものだと感じていると思います。

しかし、おそらく多くの皆さんと同じように、「よくは分からない」、あるいは「なんとなく勇気が湧かない」、でも「やってみようかな……！？」「本当は、やりたいのかもしれない！？」

私の場合も、初めはそんな感じでした。

また、最初の頃は、私は【愛】というものを、どこかとても高い所にあるものと思っており、【愛】は、それを突き詰め、探求すれば、それだけで分かっていくのだろうと思っていました。

しかし、Ａｉ先生のアセンション・アカデミーで、【愛】という実際のアセンションの体験を通して、【愛】には確かに無限のレベルがあるが、「最も身近なもの」でもあり、しかも、上の方にあるだけではなく、私たちの「中心」にもあるものと気がついていきました……！！

2．「愛の実践！」

それに気がついたのは、「愛とは何か！？」というテーマについて考えたからではありません。

実際にその鍵になったのは、「これが愛の行動だと感じる」と思ったことを、思い切って「実践」したからであると、深く感じています。

「これが愛の行動だ！」と初めて確信したのは、「他の人のアセンション、皆の幸せのために何かやってみたい」と思い、実践を始めた時でした！

3.「愛は勇気！」

自分が踏み出す最後の後押しになったのは、「勇気」でした！

それは自らのハートの想いを信じることであると思います。

4.「愛は生きる目的」

愛の実践を行うために、もう一つ大切だと思うことがありました。

それは、「生まれてきた目的」＝「今、本当にやりたいこと」を、明確にするということです。

現在の地球、そして特に日本に生まれてくるということは、とても貴重な機会であると言われていますが、今回「生まれてきた目的」＝地上セルフとハイアーセルフが「今、本当にやりたいこと」を、明確にするということは、アセンションにおいて、とても大切なことだと思います。

目的がないと、どこに向かうのか分からない人生になりますし、本当の意味で「生きている」という実感も湧かないと思います。

アカデミーに参加後、その目的についてフォーカスしたある時、広大な宇宙の中に立つ自分の姿がイメージとして観えました！

「この広い宇宙に、自らが存在する目的とは！？　さらに、地球、日本に生まれてきた意味とは！？」

それを真剣に考えた時に、とても、胸が熱くなるのを感じました！
そして……「すべての存在は幸せを願っている。それは私にとっても大切で、幸せなこと。皆の幸せのために、自分は今ここにいる！ それを叶えていくことが、自分が探していた本当の幸せであり、愛の道そのものだ！」と、感じたのです。

不思議な体験でしたが、これも後になって、ハイアーセルフがサポートしてくれたことだと分かりました。

自らの使命、本当にやりたいことを想う時、ハイアーセルフは、その大きな愛と光で、私たちを照らし、道を教えてくれるのですね！

このように、「本当にやりたいこと、目的」が、明確になってくることは、「勇気」とも共鳴し、強め合うものだと思いました。

ある目的、やりたいことがあって、生まれてきたのだから、そこから先に、踏み出さないわけにはいかない、と感じるようになったのです。

5.「愛を実践する場」

愛を実践する場が、アカデミーにはたくさんあります。

アカデミー内のメンバー同士のシェアもたくさんありますし、世界へ向けて、インターネットで発信する場もあります。

それらを通して、自らの愛を表現し、伝えることが、愛を知ることそのものだと体験しました。そして実際にやってみて、「自分がやりたかったのはこれだ！」「愛を表現するとは、こういうことなんだ！」と、感じるようになりました！

また、愛を分かち合う場は、インターネットだけではなく、年に何回かの全体での懇親会や、アセンション・ツアー、そして各地域の自主的なイベントや勉強会などもたくさんあります。

本当に愛を感じ、知るということは、愛の人たちによる、このような「愛を表現する場」に参加し、実践することだと感じました！

これが、「ライトワーク」とも呼ばれているものであり、それによって、一人ひとりと皆からのハートの愛が発現し、日増しに大きくなっていくのだと、感じています！！！

「ハートのアセンション日記」　天（十七歳）

「ハートを開こう」と思った時ではなく、
「愛を拡げよう！」と思った時に、ハートは真に開くのだなと思いました！！！

ハートが本当に開いた時に、周りの人たちや、自然、地球のすべてが、よく観えると感じるからです！！！

そしてその時に、すべてのものが大好きで、自分の心も拡大し、すべてと自分が一体化している感じがします！！！

今、地球にとって何が必要なのか。今、すべきことは何なのか。
それらも自然と分かって、考えなくても行動ができる！　そんな感じです！

これまでは、必要のないものに目がいっていたのが、本当に大事なことだけにフォーカスできるようになる！　そんな感じです！

そして普段の地上の生活も、とても楽しいと感じるようになりました！
今までは、本当の自分（？）とは、何となく別の世界だと考えてしまっていた学校や、周りの友達といることも、純粋に楽しいと思えるようになりました。

愛を拡げることは、特別なことではなく、いつでも、どこでも、できること！！！

そして何より楽しいことなのだと、あらためて、根源的なところに立ちかえったと感じます。

これからもワクワクの愛を発現していきます！！！

「ハートの確立のアセンション日記」 愛星

「ハートの確立」を目指して、最初はどのように自分で実践しようかと正直迷いました。

そこでアカデミーで教えていただいたように、まずはコップの水を空にし、初心に返り、Ａｉ先生の「愛の使者」の本に書かれている「ハートで受け取り、愛を選択する！」ということを念頭に、毎日、それがどれくらいできているかを、一日の終わりに振り返っていきました。

すると、次の記録のように、ハートを意識している時と、そうでない時の差を、わずかではありますが、感じるようになりました。

○体調の悪い時　↓　ハートにフォーカスする　↓　良くなる。

○忙しくてイライラする　↓　ハートを意識する　↓　落ち着く。

○ハートを意識する（愛の選択）。愛を発現する　↓　仕事場での雰囲気が良くなる！

これらの実践と経験を経て、初めて、「ハートの本当の意味での重要性」を実感しはじめました！

その後、Ａｉ先生からの進め方のポイント等のマニュアルも公開されましたので、それを参考に、明確にハートをイメージし、外に向けて発現していきました。

とにかく、何らかの変化を感じたいと思いましたので、一つひとつを「意識」して行っていきました。

そして、明確にハートから愛を発現して対応していくと、明らかに周囲の人の反応が変わりはじめました！

それらのことを、何となくではなく、やはり意識して観察していきました。

※すると、仕事場での雰囲気、反応、対応の違いの大きさは、イコール、自分のハートからの愛の発現の度合いの大きさであるということを実感しました！！！

それを日々意識して、地道に行うことによって、結果的に自分が、「愛のエネルギーフィールド」を作っている、ということが分かりました！

そして「根源へのアセンション」の本に書かれている「重要→探究→実践」。このサイクルの実践によって、愛による環境の変化を探究していきました。

※ハート＝愛の実践においては、何かをどうにかしたい！ということではなく、相手を幸せにしたい！という、純粋にただ愛を発現すること、そしてニュートラルであることが大切であると感じました。そして愛の無限の力を信じて委ねる。そのことの大切さも感じました。

日々実践していく中で、どうして人はブレたり、揺らいだりするのか？　という、以前の私についても振り返ってみました。

そして、事象が自分に直接起こった時と、周りで起こった時とで、受け取り方が大きく違うことも改めてわかりました。

自分に起こった時はハートで受け取れず、頭で考える　↓　感情に左右される　↓　落ち込む、ブレる、揺らぐ。

これは一種の思考パターンだと思い、そのパターンを変えるため、

起こった事象すべてを学びと捉える　↓　この習慣を意識的に行う　↓　これを繰り返す　↓　自分のパターンを変える。

というように、コツコツと向き合ってきたように思います。

これらを実践する中で、ある時点で、さらに変化の違いに気づきました。
それは「変化のスピード」でした！

明確にハートをイメージし、自分のハートが愛で満たされて発現すると、それがダイレクトに伝わり、すぐに実感する変化がありました。

ハートが愛で満たされていると、無条件に伝わる！

逆にハートを明確に意識しないで発現すると、それまでとさほど変わらない。

また、伝えたい、変えたいなど、相手に対する意識、見返りを求める時は伝わりにくい（変化が少ない）、などです。

あらためて、ニュートラルで純粋であることが重要であると思いました。

毎日実践をしていくと、様々なことに気づき、一瞬でもハートで意識できなかった時は、それがそのまま体調に出て、胃が痛くなったり、ますますはっきり現れることも実感しました。

お試しもいっぱいやってきて、やるかやらないか？　と問われてきますが、その変化を自分なりに分析（サイエンス）していくと、更に冷静に行動でき、そして起こることのすべてが、愛おしく大切に思えるようになってきています。

すると、つい最近ですが、明確に人のハートが開いているのかどうかを、感じることができるようになりました。

自分のハートが開いている時だったから、その違いを感じとれたのかもしれませんが、ハートが開いていない場合は、その空間・エネルギーを共感、共有しにくい、そんな違和感を覚えました。

さらに学びと実践を進めていくと、アセンションのインストラクターに必要な、ハート開きを続けることが常にできるようになり、相手のハートの開き具合を感じることができるようになるのではないかと思います。

また、最近は、様々なコンテンツを観て、シンプルなのにとてもエネルギーを感じるものや、一見立派なのに、エネルギーを感じないものなども存在することに気づいてきました……。

自己のハートが開いてきたことによって、人やコンテンツから、エネルギーを感じることができるようになったようです！

※エネルギーはチャクラ、特にハートが開くと、感じることができるようになるという、Ａｉ先生の教えがまさに！　と理解できました。

実践すればするほど、意識すればするほど、ハートの重要性が増していきます！！！

そして、他の誰でもなく、すべては自分にある！！！　ということに気づかされます。

まだまだ完成までの道のりはありますが、以上が私の「ハートの確立」へ向かっての、アセンション日記の第一弾です。

――次にご紹介するのは、アカデミーの男性陣からの「愛のメッセージ」です！

一般にスピリチュアル界は女性が多いと思われているようですが、我々のアカデミーでは、約半数までは行かないまでも、エネルギー的には約半々という感じで、とてもバランスが取れていると思います。

男性陣は、当然ですがほとんどが社会人であり、一家の大黒柱であり、多忙な人が多いですが、とてもワクワク、活き活きとアセンションの学びを進めておられます。

男性陣（彼らの自称はオヤジのアセンション・チーム！）の自主勉強会や、ライトワークなども活発に行われています（＆飲み会も！？）。

「愛のメッセージ」　ひろし

アセンションとは！？　一般的には次元上昇とか、意識の進化！　と言われていますが、私は、その本質はズバリ、「幸せに成ること」だと思います！！

人は「愛」から生まれてきました。

生きとし生けるもの全てが、幸せに成るために生まれてきたのだと思います。

今のこの競争（分離）社会の世の中では、幸せを外に求めがちですが、実は！　一番身近な自己の中心（ハート）に、たくさんの幸せがあると思います。

どんな状況下でも、頭で考えず、ハート（愛）で行動すると、いままで嫌だった出来事も、自分の意識一つで、楽しくワクワクなことに変えることができます！！

僕自身も、マイナスのことをプラスにとらえるように心がけると、日々の生活がとても楽しくワクワクになり、周りにたくさんの愛があることに気づきました！！

今まで見てなかった（見えてなかった）だけでした！！
ささいな喧嘩もなくなり、「物事のとらえ方一つで、住む世界が変わる！」という、アカデミーで学んでいる宇宙連合学そのものです。

まずは犠牲者意識をやめて、「自分を愛す」。そして「全てを愛す」。

みんなが、このような意識でいれば、「幸せしかない世界！」に成ると思います。
みんなが幸せでいることが、「真の自分の幸せ」だと思います！
共に幸せを創造していきましょう！
そして地球を「愛」の星へ！！

「愛とは!?」　たかし

みなさん、こんにちは。オヤジより、『愛』のメッセージをお贈りします。


「愛とは!?」

愛とは、人の生きる上で無限のテーマであると思います。

私たちが何に意識を向けるかによって、愛の一つの意味が創られるのではないかと思います。

混沌とした世界では、愛は幻想であると感じられるかもしれませんね。

私たちはそこから一つずつ経験し、意味を見つけていくことによって、学び、成長していくのだと思います。

愛を学ぶために、さまざまな経験をしているとも言えますね。


まずは、自分自身が感じる心地良いことを行う。

シンプルに、人から受けて心地良いと思うことを自分自身が行っていく。

そうすることによって、私たちの周りには小さなつながりができてきますね。

そこに生まれた絆は、とても心地よく、とても強く、とても安らかなものであると思います。

そして、小さな絆からより大きな絆へ!

何かに限定されたものではなく、より大きく絆を拡げていく意識となった時、すべての存在は表面上の違いはあれど、なんら変わりなくすべて同じなんだなと思います。

すべては一つにつながっていて、そのどれもが素晴らしく、尊い存在なのだと思います。

そしてそれを知るために、私たちは様々な経験をしているのだと思います。

愛とはすべてであると思います。

すべてのものは愛が形となったもの。

私たちも愛の一つの表れであると思います。

これからも愛の意味を一つずつ見つけてゆきたいですね。

五次元レポート

この項では、二〇一三アセンションに重要な項目の一つである「五次元」についての学びを中心とした、アカデミーの皆さんのレポートをお贈りします!

二〇一三年五月のアカデミーでは、まずは「五次元」についてのまとめと、その実践の「言挙《ことあ》げ」をしていただきました!

次に『魂』、そして「フォトン」のまとめを行っていただきました。

本来なら、一か月でマスターできるものではありません。

しかし、これまでの章で述べてきましたように、二〇一三年からの本格アセンション、特に一人ひとりと全体の真の『日の丸』のベースとして重要なものとなります!!!

そしてアセンション全体も、一つひとつのテーマも、「ゴール」というものはなく、無限の奥行きと、高みがあるのです。

ゆえに「五次元」や『魂』の確立について、これまでにある程度進めてきた人は、復習・強化として、そして初めて進める人も、できるだけ体得できるように、各地域での勉強会等も並行しながら進めていきました。

※ハートの活性化も同様ですが、「五次元」についても、まずはやはり「言挙げ」とその「実践」が重要であり、自分が真に選択し、実行するならば、その確立は、半ば成功したも同然であると言えます！！！

この原稿をまとめている現在は五月の末で、まさに中今進行形ですが、その結果、ほとんどのメンバーが、五次元の理解とその実践をかなり行うことができました！！！

「五次元の言挙げと実践」　Ｌｏｔｕｓ

《五次元とは！？》

定義：「一〇〇パーセントのポジティヴ！」

※中途半端は無く、〇か一〇〇のみの世界。

「一〇〇パーセントのポジティヴ」とは、イコール「光」そのものであり、「フォトン」である。

《言挙げ》

五次元の確立に向けて、次のことを宣言し、必ず実行し続けます。

私、Ｌｏｔｕｓは、今この瞬間から永遠に、ポジティヴ一〇〇パーセントを確立し、さらに拡大し続けて行きます。

《五次元の確立　実践レポート》

五次元の定義と、言挙げを元に、５Ｄの確立に向けた実践をしました。

５Ｄの確立とは、「ライトワークの実践」であると感じます。

自己の存在がポジティヴなエネルギーそのものとなる！！　と決め、そのイメージを続けました。

自己という器が透明になった後、そこに光が入って来るヴィジョンが観え、同時に、自己の中心から神聖なエネルギーが湧き出ることを感じました。

このイメージを続ければ続けるほど、自己の器が光で満たされてくることを感じます。

そして、体が軽くなるような感覚がします。

「一〇〇パーセントのポジティヴ」とは、「自分自身から常にプラス（愛、光）のエネルギーのみが出ている状態である」と表現すると、分かりやすいのではないかと思いました。

これらの実践によって、五次元の確立とは、ますます、「ライトワークでしかない！！！」ということを実感しました。

そして、五次元の確立ができて初めて、魂、そしてフォトンの実践と確立を進めることができると思います。

《参考資料》

その他、五次元の実践で感じたことについてですが、二〇一三年における私の五次元の感覚は、ステージ1（各エネルギーセンターの活性化）とステージ2（ハートの活性化）の実践により、大きく変わりました。

五次元は、四次元とは全く違う感覚がします。五次元は、全体が光に満たされていて、中心に「ゆるぎなきもの」が通っている感じです。

五次元の中につながっていくイメージをすると、とても純粋な子供に還ったような気分になり、気持ちがリフレッシュされます。

そして、日常的なことよりも、「本来の人としての在り方、生き方」といった、本質的な、崇高なものに意識が向きます。

本質的なものとつながる感覚と同時に、絶対的なものに対する安心感があり、生きていることへの喜びのような、高揚するものが拡がってきます。

五次元の全体を感じてみると、喜びがＭＡＸとなった白の輝きの波動と、光そのものが同居しており、その中心に、愛と光が一緒になったような、愛がより神聖となったようなエネルギーを感じました。

《サイエンス》

五次元とは、自己の最初のハイアーセルフである『魂』が住まう世界と言われています。

真には魂こそが自己の本質であり、地上セルフはその器であります。

そして魂も、自己のハイアーセルフのポータルです。


五次元は、四次元とは全く違い、次元そのものが「本質のみ」の世界となっており、基本的に「揺るぎなきもの」しか、五次元には行けません。

表面的に取り繕うことはできず、真の自己のエネルギーでしかないと感じます。


五次元では、ポジティヴなエネルギーしか存在できませんが、それは、ポジティヴでないエネルギーは分離し、自然に自己消滅して行くからです。

五次元の世界では、一人ひとりという意識を超えて、「核心」でひとつになると思われます。

二〇一三年に入り、各エネルギーセンターと、特にハートセンターを強化したことで、このことがよく分かってきました。

その核心には、魂の神聖なる光の中心から、ゆるぎなき愛のエネルギーが拡大しているヴィジョンが見えます。

これは、図で説明すると『日の丸』そのものですが、これが日本人の核心であることは、私たちが『日の丸』を観ただけで「感じるもの」があることで証明されます。

日本人が核心となってつながり、日本全体を日の丸でつなぐのが、今からの重要ポイントであると思います。

「五次元とは!?」　光

五次元とは、フォトンのエネルギー、光そのもの。

フォトンから感じるエネルギーは、歓喜そのもの。

歓喜のエネルギーから感じるのは高揚感。

《言挙げ》

私、光は、常にポジティヴ一〇〇パーセントの言霊で話し、行動します。

必ず、五次元を確立します。

《五次元の実践》

五次元のフォトンを感じ、自己がフォトンそのものと一体化していくようなイメージで、実践を行いました。

自己の細胞レベルから、歓喜のエネルギーとなって、全身が湧き上がるような感覚となりました。

その時の自己の中心には、『日の丸』の丸の赤がしっかりと入り、そこには、愛＝意志があることを感じます。

真に5Dを確立することが、『日の丸』の日本人としてのあるべき姿へと近づいていくように感じます。

それは、『真心』ではないかと思います。

五次元の確立によって、自己の中心に日本人の心、『真心』が入るのではないかと思います。

五次元の確立は、Ｌｏｔｕｓ先生のレポートにも書かれていたように、ライトワークの実践によって、成されていくと感じます。

まずは、『言挙げ』を実践し、ライトワークを行ってまいります。

「五次元の言挙げと実践」　直日女《なおひめ》

《五次元とは！？》

定義としては、「一〇〇パーセントのポジティヴ」であると思います。「一〇〇パーセント」の光であり、フォトンです。

それは歓喜であり、神聖。それが真の創造の世界のはじまりであり、中今。

《言挙げ》

私、直日女は、永遠のポジティヴ一〇〇パーセント、その創造と拡大をここに誓い、五次元の確立へ向け、常に実行いたします。

《実践レポート》

1．言霊

本来、アセンションのすべてがそうであるはずですが、今回このレポートに取り組んで、あらためて明確になったことがありました。

それは「五次元」のテーマとは、「言霊」以外では書けない！　ということでした！！！

その一〇〇パーセントの実践の真のスタートである、ということを実感しました。

逆にそれ以外ではできないエネルギーであるということです。

2．本質

そしてそれが我々の本来の姿＝本質として真に感じられ、分かってきます。

何故ならば、五次元とは、一〇〇パーセントのポジティヴであり、純粋な光、フォトンの世界であり、真の創造のはじまり。

それが、我々の本質、本体のはじまりであるからであり、魂のエネルギーでもあるからです。

それが「存在」そのものと言え、その歓喜そのものでもあります。

このことも、五次元が「ポジティヴ一〇〇パーセント」と定義できることとつながっていると思います。

3．ポジティヴ

「ポジティヴ」とは、光＝フォトンであり、それは創造のエネルギーそのものである、とあらためて思いました。

ポジティヴ一〇〇パーセントとは、存在そのものが創造であるという、歓喜そのものでもあると思います。

存在と目的はセットであり、自己の本質が一〇〇パーセントのポジティヴ＝一〇〇パーセントの創造のエネルギーだと知って、そう成る時に、その神聖な全体の中心に、「愛」という方向性と目的を持ったエネルギーが、燦然と輝いていることを真に知ると言えると思います。

「ハート＋魂」は、画像に表すと、まさに『日の丸』となると思います。

そしてそれが、中今の真の「グラウンディング」のエネルギーであると思いました。

我々日本人としての神聖なる存在のベースと、その存在の目的が明らかになり、それが自己そのものであると知り、思い出す。

そのこの上なく重要かつ幸福な、第一歩であると思います！！！

今回あらためて、神聖＝新生であると感じました！！！

4．中今

新生＝中今の新生であり、今回は特に、Ａｉ先生監修のＬｏｔｕｓさんの見本のレポートにより、あらためて、「五次元とは『中今』である」と理解できました。

それがまさに、『日の丸』の画像に表れていると思います。

つまり、二〇一三アセンション・プロジェクトとしては、我々一人ひとりが、真にハートから十三次元まで自力で統合し、積み上げていく重要な年ですが、各エネルギーセンター＋ハートセンターの活性化の上での魂の活性化が重要です。

そのようにして、純粋に、五次元＝フォトンの器となり、体験を通して学び、拡大できるよう、アセンション・アカデミーのシステムを、Ａｉ先生が組んでくださっています。

そしてこれらのサポートは、全体にとっても必要だからということを、あらためて実感しました。

5．中今からのＳｔｅｐ

本来「五次元」「魂」というテーマは不可分ではありますが、次元としての観点に取り組むことで、「五次元そのもの」をエネルギーとして体験し、サイエンスし、把握できるように進めていきます。

それはつまり、「再現できるようになる」ということでもあります。

それは、我々が学ぶ目的である真のライトワーク＝エネルギーの創造と拡大の鍵であり、すべてでもあります。

一言でいえば、「アセンション＝ライトワーク」となります。

『日の丸』

中今進行形、そして二〇一三年五月のまとめのテーマが、まさに『日の丸』です！！！

二〇一三年全体を通した、トップ＆コアのテーマも。

そして日の本のライトワーカーにとって、はじまりも、おわりも！！！

中今の『日の丸』が意味するものについては、これまでの内容で、皆さんだいたいイメージできたのではないでしょうか。

一人ひとりの想いや、感じるエネルギーがあると思います。
そしてその日本全体の集大成が、『日の丸』そのものでもあると言えるでしょう。
『日の丸』。それは日の本全体の、神聖な、純白の光の中心に輝く、熱き「大和の魂」なのです！！！
一人ひとりでもあり、日の本全体の！！！

――『日の丸』。それは世界で最も美しいもの――

今こそ！！！　我々日本人の、一人ひとりと全体が、真の『日の丸』になる時が来ています！！！

つい最近の五月上旬の公式セミナーで、最新でホットな、根源の神界と高次全体からの重要なメッセージをお伝えしました。それは、

日の丸の封印解除！

というメッセージです！！！

これは、何を意味しているのでしょうか！？

それは一人ひとりのものでもあり、全体のものでもあると思います。
そして、一人ひとりと皆で、中今から探求し、創造し、発見していくものであると思います。
なんかワクワクしますよね！！！

一人ひとりと全体の、真の『日の丸』パワーの封印解除であり、真の力の目覚めでもあります！！！

そして日本人の、真のＤＮＡの目覚めです！！！

実際に、それは始まっています！！！

ぜひ皆さん、この二〇一三年、神宮も二十年に一回の遷宮という再生を行うこの年に、その始動の始まりとしていただけるとよいと思います。

では、中今の『日の丸』ワークの皆さんのレポートをご紹介いたします。

『日の丸』　Lotus

一人ひとりと全体の『日の丸』の確立！！！

それは中今の最優先事項！！！

地球のアセンションと地殻変動が本格化している中今、
これを確立しないと、アカシックが存続していかない！！！

今こそ、我々のハートと魂をひとつに！！！
『日の丸』に！！！

日の本全体を、我々皆のハートと魂で、『日の丸』にしていく。

今、ここから私は、全開ＭＡＸで、それを実践します！！！

「自己の核心」　国丸

自己の核心とは、『日の丸』プロジェクト！！！

大和魂、大和の心を、一人でも多くの人に伝え、日の丸で一つに成る。日の本を一つにする。それが中今の、自己の核心です。

大和魂とは、日本人のＤＮＡであり、『日の丸』そのものである。

大和の心とは、皇のＤＮＡであり、君が代である。

そしてその「日の本の日本人の真価の全開！！！」が、『日の丸』プロジェクトであると思います！！！

特に二〇一三年四月以降は、この『日の丸』こそが、すべてを動かす、すべてのアカシックを創る、すべてのアカシックを存続させると明確に感じています。

私は、自己の核心＝全体の核心＝日の丸プロジェクトのために、今この瞬間から、常に、それを遂行し続けます！！！

「日の丸」　ティアラ（十三歳）

日の丸から私が感じることとは、「真」（まこと）であり、真剣、強い意志、強い愛のエネルギーです。

人類・地球・宇宙・すべてのために、自分のすべてをかけて、アセンション・ライトワークをする！！！

その意志と気愛のエネルギーだと思います！！！

その思いは、宇宙の願いであり、その子供たちの願いであると思います。

「『日の丸』探求・実践レポート」明緒

《全体にとっての日の丸とは！？》

日の本のハートと魂が統合したもの。その愛と絆そのもの。日の本のアセンションそのもの！！

それが、日本のアセンション、世界、そして地球のアセンションへと繋がっていく。

日本は太陽の雛形であり、日の本、日本に生まれてきた意味であり、ハートと魂を一つにして、日の丸のエネルギーを発して、日の本全体を日の丸にしていく！

《日の丸の実践》

日の丸の画像を見ていたら、光が目の前で強く光り輝き、中心から愛と絆を強く感じました。

とても強いけれど、温かく優しい光に包まれました。

そして、日の本に生まれてきて、日本人としてここに存在している意味は何だろう、という問いが浮かんできました。

私にとっての『日の丸』とは!? 自分のハートと魂が純粋に真にやりたいこととは!? を感じてみました。

その時、地球の一人でも多くの人を導き、宇宙、地球、人々のために、アセンションのために、そのサポートをしていただいた恩返しのために、皆の愛と絆と共に、お役に立ちたい! という思いが、自己の中心であるハートと魂から湧いてきました。

宇宙の為に自分を捧げること。全てが真実に還ること。

そのことを思う時、幸せな気持ちでいっぱいになり、ハイアーセルフの願いと一体となり、真の歓喜のエネルギーと共に、中心から核心の核心が出てくるような感じで、とても熱くなってきます!!!

今やらずに、いつやるんだ！！！　と強く感じ、どんどん上昇・拡大していく感覚になります。

今までの私は、『日の丸』と言われても、正直よく分かりませんでした。

しかし、自分は全体の一部であり、全体の中心が自分の中心であり、この中心の魂で本当に感じたことが、自分にとっての『日の丸』であり、核心であると感じました。

その時に、魂の光の中心から、歓喜と共に、揺るぎない愛と意志のエネルギーが出てきて、『日の丸』のエネルギーを感じました！！！

一番大切なもの！！！　それはアセンションの根源家族の愛と絆。

根源家族のハートと魂を一つにして、宇宙のため、地球のため、人々のため、そのアセンションのために、一人ひとりの愛と絆のエネルギーを合わせて、発する時、シナジーとなる！！！

そして、今、自分のベストを尽くす時に、日の本全体を『日の丸』にするスイッチが入るのだと感じます！！！

すべて中今のアカデミーの学びとも連動していて、まさしくＡｉ先生のサポートであり、あらためて入門コースの重要性と、エネルギーの学びの重要性も実感しました。

今は、『日の丸』のエネルギーの大切さ、そしてすべては日の本のライトワーカーにかかっていると
いうことをとても感じています！！！

ライトワークをできる喜びと幸せ！！！
深刻ではなく、楽しく、笑いとともに真剣に、ライトワークをしていく！！！

やるなら今しかない！！！

今、日本にいる意味、日本人に生まれてきた意味。
それは日本人として、『日の丸』のエネルギーを発して、日の本全体を日の丸にするため！！！

宇宙そのものである母と父の願いのため！！！

日本人として、歓喜と笑いとともに、根源家族のハートと魂を一つにして、愛と絆を合わせて、日の丸
のエネルギーを発していきます！！！

――次に、皆からの二〇一三「地球維神」の御神歌を御紹介します。
主に二月十一日の特別講座の「御神歌アカデミー」で、初めて創られた（降りてきた）方が多いようです。

「地球維神」金太郎

「地球維神」に意識を向けてエネルギーを感じていると、『言霊』となりましたので、御神歌を創ってみました。地球維神に向けてのメッセージだと感じていますので、お贈りいたします。

神人（かみひと）の　魂（みたま）の響き　高鳴りて
維（これ）より臨む　永遠（とこしえ）の地（ほし）

（口語訳）
神の分御魂としての、自らの存在に気付いた日戸たちが、歓喜の元にひとつとなって、地球維神を成し遂げる道を、いざ歩みださん！

「絆」　まさと

地球維神のことを考えていると、ハート、そして魂の響きとともに、次の御神歌が浮かんできましたので、シェアさせていただきたいと思います。

子が紡ぐ 愛の光を織りなして　湧きあがる魂の決意
家族で歩むその道は　絆で創る黄金の地球（ほし）

「二〇一三地球維神」　珠

いにしへに　結びし契り　果たさんと
集ひし　御魂（みたま）　煌々（こうこう）と
日の本照らす　地球維神

「約束」結

愛の溢れる地球にするために、自分維神から始め、ハートと魂から愛を、愛の使者となって、揺るぎない心で伝え、拡げていきます。御神歌で表現しました。

清らかなる　御魂の響き
日の本に　降り立ちきたる
神々の　天地つなぐ　柱とならん

（口語訳）
太古の時代、この日の本に降り立った人たちが、日戸となり、時が来て、地球維新（神）という、約束を果たそうとしています。

神代（かみよ）より　言い傳（つ）て来らくそらみつ
倭（やまと）の国は　皇神（すめかみ）の　厳（いつく）しき国
言霊の　幸（さき）はふ国と　語り継（つ）ぎ　言い継（つ）かひけり

山上憶良

――その他、我々のアカデミーでは、古来からの伝統をベースに、創作も取り入れた『神舞』の自主的な研究会等も行い、新年会や懇親会などで披露しています。

第五章

皇　人

神宮内宮御正宮

皇人《すめらびと》へ向かって！

いよいよ最終章、本書のメインタイトルの『皇人《すめらびと》』についてです！！！

『皇人』とは何でしょうか!? どのようなイメージでしょうか。何となく皇室と関係がある？ 等と感じる人が多いかもしれません。

しかしだいたい、これまでのお話で、その意味するものについても方向性がつかめてきたのではないでしょうか！！！

まずは『皇《すめら》』とは!? について、観ていきましょう。

『皇』とは、音読み＝中国語では「こう」と読み、訓読み＝日本語では「すめら」「すめらぎ」「すべらぎ」等と読みます。

辞書によりますと、古来より、天の偉大な神、創造主、天子、王、君主などを表し、また**「日本」そのものも表す**と書かれています。

また、「皇」（すめら）とは、「統べる」という意味から来ているとも言われます。

これらからもたくさんのことが分かると思いますが、では、『皇』という「言霊」について、どのようなエネルギーを感じるでしょうか！？

これが最も重要なことであると思います！！！

※文字の意味ではなく、それが表す意味とエネルギーです！！！

――私は『皇』という言霊、意味、そのエネルギーそのものには、以前より一貫して、『根源のフォトン』を感じます！

万物の根源。宇宙の根源。すべての大元である根源の光。創始の光。

その波動そのものを感じます。

そしてそれが、『皇』の意味そのものの基本の一つであると思います。

そしてそれがまさに、『皇の国』の『言霊』のエネルギーそのものであると感じます！

さきほどの山上憶良の「皇神の厳しき、言霊の幸はふ国」の大和歌のように。

※そしてこれが、宇宙の創始より、そして日の本の創始より、変わらぬものであり、その根本を成すものなのです！

それは人（日戸）の細胞、ＤＮＡのすべてを活性化し、五次元以上の波動にするエネルギーです。それがフォトンそのもの。

※そして同時に、宇宙の根源太陽までの、無限のセントラルサン・システム&ネットワーク=宇宙の『皇』のシステム&ネットワークにつないでいくものなのです。

それは一人ひとりと宇宙全体の、本源へつながっていくシステムとネットワークに他なりません。

では、『皇人《すめらびと》』と表現する場合、それは何を意味するのでしょうか！？

皆さんだいたい、すでにイメージをお持ちではないかと思いますが、八十二ページの、「進化&神化」のMAPをよく観ていただくと、より具体的につかんでいけるのではないかと思います！

『皇人』となっていくためには、これまでのお話のように、まずは「ハート」の活性化！！！　これにより、真の「人」となります！！！

そして地上セルフの各エネルギーセンターの活性化。これにより、高次のエネルギーが分かり、つながっていけるようになります。

次に『魂』の活性化と、そのつながり！！！　これにより、日戸、神人へと近づいていきます。五次元以上の波動となっていきます。

「フォトン」（光子）についての理解、学び、体得も必要です。

そして『魂』とのつながり、一体化は、地上セルフから観た、最初の自己の本体＝ハイアーセルフ＝御神体との一体化となります！

すなわち五次元の「神人」の最初の段階となるのです！！！

※これまでの地球史では、「魂」と「ハート」は、その多くが別々のものとして捉えられてきました。その統合の重要性については、「愛の使者」の本にも詳しく書かれていますが、本書におけるこれまでのお話のように、『日の丸』となるには、真にそれを統合する必要があります！！！

そして！　さらに先があります！

それは、「八次元」レベルの「神人」です。

「根源へのアセンション」の本で述べましたように、「八次元」の太陽神界は、金色、黄金のエネルギーです。

そして日の本を表す『日の丸』の中心は赤ですが、古代の地上では金色の染色ができなかったので、最も明るい赤としたとも言われています。

「赤」が十分にできたら、次は「金」へのシフトとなります！

この時に、真の『日戸』となっていくのです！！！

そしてこれは、「君が代」のエネルギー、日本の国章のような金色の菊へつながっていくものとなります！！！

では、「君が代」のエネルギーとは何でしょうか！？

それはこれから日の本の一人ひとりが探求し、創造していくものだと思いますが、一言で言いますと、「根源神の愛」を表すものであると思います。

根源神の中心に輝く、愛の太陽です。

人の愛が神化していくと、地上最強の赤から、その中心が黄金の菊、太陽のような光となって輝きます。

それは根源の愛の太陽とつながった光です。

根源神、根源のフォトンが、全宇宙に対する愛と慈しみのエネルギーを発する時のエネルギーであると感じます。

では、ここまでの内容のまとめをしていきましょう！

日の本の！　中今とこれからのトップ＆コアの使命である、『皇人《すめらびと》』を目指すためには！！！

まずは『皇《すめら》』の波動、フォトンと一体化する必要があります！　すなわち、自らとすべての根源である根源神につながり、すべての細胞とＤＮＡを活性化（アセンション）させる波動＝フォトンを出せるようになる必要があります！！！

そして、自らと全体の『日の丸』を確立していく！！！

自らと日の本全体の熱き『日の丸』の中心から、根源神の愛の太陽、『君が代』につながり、核心から発神し、発現していくのです！！！

日の本の一〇〇人以上が、真の五次元の神人になった時に、地球全体が五次元に突入していくでしょう！！！

そして八次元以上の日戸、神人となった時、『君が代』の愛の太陽が共鳴し、拡大した時に、天孫再臨、帰還となり、神々が降臨し、太陽系ごと、すべてが神代へと成っていくでしょう。

すべては、日の本の皆さん一人ひとりにかかっているのです！！！

特別付録

続・赤ひげ仙人物語（寄稿）

京都、高瀬川沿いの古い四畳半のアパートに、万馬健という若者が住んでいた。

彼は、三度の飯より競馬が大好きで、いつの日か特大万馬券を当て、大好きなフェラーリを買い、丹波に豪邸を建て、嵐山に「大和屋」という割烹旅館を開くことを夢見ていた。

しかし、彼のもくろみとは裏腹に、毎週、彼の買う馬券はみごとに外れ続けた。

彼の外れ方は、もはや芸術的であった（笑）。

外れるたび、もしかして、自分の人生、お先真っ暗ではないかと将来の不安に悩まされていた。

そんな日々を繰り返していたある晩のこと……。

彼の夢に、赤ひげ仙人様と北野天神様が現れた。

※赤ひげ仙人様いわく「見えないおばけに驚かない。飲まない酒には酔わない。精神世界は誠心なり。愛と誠。至誠とは生きる姿勢なり。生きる意欲、生きる力なり」と。

※続いて、北野天神様いわく

「赤ひげ仙人殿のおっしゃるとおりである。ゆめゆめ忘れるなかれ。

＊《心だに　誠の道にかなひなば　祈らずとても　神や守らん》」と。

（＊註：菅原道真公の和歌（道歌）。「あなたの心が、誠の道にかなっていれば、たとえあなたが神に祈らなくても、神はあなたを守るだろう」という意味。道歌とは、「道」を教える歌と言われ、道徳的な教訓が分かりやすく歌われている短歌のこと。一見、平易で受け入れやすい表現であるが、深遠な意味のものが多い）

——その夢を見た日から、万馬健は変わった。

万馬券は言うに及ばず、特大万馬券も当て続けた。

そして、競馬に勝ったお金で彼は馬主となった。

彼の馬は、Ｇ１レースは言うに及ばず、海外のレースでも輝かしい戦績をおさめ、「競馬の神様」、と競馬ファン、いや、日本国民から敬われ、日本の競馬文化向上に貢献したと国民栄誉賞まで授与された。

もちろん、彼はフェラーリに乗っている。

しかし、マークの中の馬は、特注でディープインパクトに変えてもらっている（笑）。

そして、今や、彼の開いた割烹旅館「大和屋」は、世界中にチェーン展開。

サービスナンバーワンと世界中の人たちに愛され、なかなか予約もとれない人気ぶり（笑）。

――ちなみに会社名はプレミアムである。

皇御母《すめみはは》

直日女

一、千年女王

根源の皇の子たちよ、今こそ目覚めよ！
日の本のDNAを開け！　そして立て！！！
命を燃やし、その魂の響き、その核心に輝く愛を、響き渡らせん！
今こそ、日の本のすべて、この地球のすべて、この宇宙のすべてへと！
その永遠の愛の絆の響きを発動させよ！！！

私には、そう聞こえました。二〇一三年一月、アカデミー全体の公式セミナーにおいて、演台で講義を淡々と進めるＡｉ先生の背後からの（物理的に耳では聞こえない）声でした。

Ａｉ先生が行う公式セミナーの場は、いつもそうなのですが、中今の重要なエネルギーが大きく動く「神事」そのものとなります！

Ａｉ先生自身が、根源の核心のポータルそのものとして、この宇宙全体の根源アセンション・プロジェクトとして、必要なエネルギーを降ろし、伝える場となります。

この一月のセミナーは、根源のアセンション・プロジェクトの要といえる、二〇一三年の始まりにあたり、「一年の計」と言える重要な計画が公開され、エネルギーとしても降ろされたイニシエーションとなりました。

その場でのAi先生は、いつもの通り、とても静かに、時には冗談!?(笑)のようなメタファーを使用しながら、我々にも分かるように、重要な高次の動きを伝達します。

それは一見、とても淡々とした姿です。しかしその背後で動かし、そこに贈っているエネルギーは、膨大、莫大で、文字通り、宇宙の根源の根源、その核心からの、激流のような愛と光が、Ai先生を中心ポータルとして、すべてへと鳴り響きます。

冒頭の我々へのメッセージは、根源の太陽神界から、中今最新の十三次元の聖母庁(聖母)を通って、明確にAi先生を通して降りてきたメッセージでした!!!

それはまさに【千年女王】のエネルギーであると感じました!!!

Ai先生は、その「メインポータル」そのものとして、このエネルギーを、我々参加者全員のハイアーセルフと地上セルフに贈り、さらに我々を通して、集合意識全体へも伝えていました!!!

二〇一三のアセンション・エネルギーそのもの! 神聖DNAを起動させるエネルギーそのものとして!!!

「千年女王」という表現はメタファーでもありますが、このエネルギーは、「千年プロジェクト」のコードネームを持つ、この二〇一三年に始動した、根源アセンション・プロジェクトの核心であると思います！

このプロジェクトの骨子は、「たとえ一〇〇〇年かかったとしても、一人残らず、アセンションできるまで、絶対にサポートする」という強い【愛の意志】そのものなのです！！！

「一人も残さず」！！！　そのエネルギーが言霊として響き渡ったのが、冒頭のメッセージでした！！！

その瞬間、その時のＡｉ先生は、皇御母そのものに観え、そのエネルギーは、セミナーでもキーワードとして出てきた「強さという美しさ」そのものでした！

「神母」と称される、応神天皇の母、「神宮（功）皇后」という存在の記録が、『記紀』（古事記・日本書紀）に伝説として記されています。そのエネルギーは「なんとしても子を護ろうとする強さ、その美しさ」であり、すべての原動力は「愛」であると思いました。

まさに、神宮皇后とは、神界の皇御母を代表する当時の地上セルフと言え、対《つい》と言われる神武天皇とともに、日本神界の基盤を降ろし、整えた、まさに日の本の母であると思います。

「千年女王」とは、中今の神宮皇后そのもののエネルギーと言え、それが「一人も残さず」という果てしなく強い愛、その強さという美しいエネルギーそのものから分かります。

「千年紀」とはミレニアムとも呼ばれます。キリストが再臨すると、その後は至福千年が続くという古来の予言のように、「千年王国」を意味すると言われます。

そう、『根源へのアセンション』をお読みになるとわかりますが、「キリストの再臨」（誕生）とは、まさに二〇一二年のアセンション・プロジェクト全体であり、クライマックスの十二月のイニシエーションでした！

一人ひとりが、宇宙の「キリスト」、「キリスト意識」とは何か！？　ということを実感し、たとえ小さくとも、成っていったのです！


そして二〇一三年の年明けとともに、「新宇宙」の領域へと突入しています。

その年明けから始動したのが、「千年女王プロジェクト」です！

それはまさに、二〇一二宇宙キリスト・プロジェクトを超えて、二〇一三聖母・神母プロジェクトであると言えます！！！


そしてその始動が、宣言されました！！！

宣言とは同時に、イニシエーションそのものなのです！！！

その瞬間、私たちは、「根源の皇のＤＮＡ」の起動スイッチが、真に入ったと感じたのです！！！

二、天の岩戸開き

この本格的な始動となったのは、二〇一〇年五月、『天の岩戸開き』の書籍発刊と、それに際して行われた、神宮での天の岩戸開き神事でした。

この時には、史上初めて、根源のアセンションの柱が降りてきたことを実感しました！！！

詳しくは『地球維神』の本に書かれていますが、私もその瞬間、「人」として降りてきている根源天照皇太神、皇御母のエネルギーが、目もくらむほど真っ白に光輝き、根源のフォトンそのものとなり、その核心の「愛」、究極の愛のエネルギーそのものとなり、そのＤＮＡを降ろす様を目の当たりにしました。

そして自分自身も、全き「皇の子」を目指して、今この瞬間、ここに存在しているのであり、それが「日戸」として、「日本人」としての意味と目的であることを知ったのです！

宇宙の創始の、根源の皇御親との、永遠の約束を思い出したのです！

それはまさに、皇御母によって降ろされた神聖なるＤＮＡ、根源の皇のＤＮＡによって開かれた、自己の神性の核心の核心そのものでした！

今あらためて、その瞬間がそれまでの「終わり」であり、真の新たな「始まり」であったこと、そして根源の皇からの大きなシフト、イニシエーションを体験する度に、さらなるそれを体験することから、『永遠の始まり』であったことを実感しています！

すべては、この地上で肉体を持った、根源の皇御親、根源の皇のポータルに出会うことから始まったのです！　私自身もあの時、自分自身が「皇の子」を目指すミッションのために、今この瞬間に日本に存在していることを真に思い出しました！　皇御母から贈られた、根源の光そのもの、根源の皇のフォトンによって、自己の真実を思い出したのです。

一人ひとりにとっても、全体にとっても、文字通りの『天の岩戸開き』のイニシエーションを機に、我々は、根源の皇の子を目指し、学びながら、根源へのアセンション・プロジェクトの実働、実践を行ってきました。

アカデミーでの学びは宇宙大の多岐に渡りますが、その中でのトップ＆コアの学びとは、真の、宇宙の『皇《すめら》』に関するものであり、アカデミーでは「皇学」と呼んでいます。

そのためには、本書で述べられているような基礎の体得の準備が必要であり、私たちも本格的にはまだまだこれからで、二〇一三年の後半に、いよいよ、その始動が予定されています！！！

その中で、予告編として、Ａｉ先生が時々皆に、次のようにおっしゃっています。

「天の岩戸開き」の本に書かれているように、「プロトタイプ＝見本＝ポータルを探求することが最も近道であり、奥義と言える！」と！

そして私は、この地上で初めて目にした「皇御母」（Ａｉ先生という）を、できるだけつぶさに探求し、観察し、感じてきました。

幼少の頃より、通常の人よりもエネルギーが観える、感じるという能力も幸いしています。

しかし高次の事象とは、莫大でもあり、同時にとても繊細でもありますので、本当に真剣に探究しなければ、真には気づけないかもしれません。

地上セルフのＡｉ先生は、「これまで一度も『変わっているね』と、どんな人からも言われたことがない」とおっしゃっていましたが、三次元で観れば、一見とても「普通」の美しい女性で、しいて言うなら「少女のように無垢」という言葉がぴったりの、いたって天然かつニュートラルな人だからです。

そしてそれが、私がずっと探し求めてきた、「神のひな形」として創造された「人」の、究極でありながらも真の姿の見本なのだ、と学びました。

そこで、地上に降りた「皇御母」のエネルギーの、物理的に目に見える部分と、目に見えない、背後に動かしているエネルギーの対比が伝わりそうなエピソードを、少しご紹介してみようと思います。

三、宇宙の中心の瞳

一年に二回ほど、明窓出版さんの主催による「著者を囲むお茶会」という形で、一般の読者の方へ向けた、Ａｉ先生のミニセミナーが開催されています。

私も数回、参加させていただきましたが、エネルギーで観察していますと、Ａｉ先生はいつも、ご参加者の皆さんすべてを素晴らしいエネルギーで包み、さらにその皆さん全体を通して、地域全体へ、日本全体へ、地球、宇宙全体へエネルギーを拡大し、集合意識全体へ必要なエネルギーを降ろし、コラボし、伝えています。

セミナーの内容は、中今最新のアセンション情報や、一人ひとりへ向けたアドバイスまで、多岐に渡りますが、三次元的にはいたって和やかで温かいエネルギーです。

そしてそのお茶会の時に、ふとＡｉ先生の瞳を見つめた瞬間がありました。

なんとその瞬間、私はその場で、吹き飛ばされそうになったのです！！！

その瞳に映っていたのは、まさに「宇宙空間」そのもの！！！

Ａｉ先生の瞳にフォーカスした瞬間、私自身（の意識）も、壮大な宇宙空間へと飛んでしまったのです！

思わず椅子から転げ落ちそうな衝撃でしたが、その時にあらためて、次のことを理解しました。

Ａｉ先生の地上セルフとハイアーセルフ（常に一体ですが！）は、常に、宇宙全体の座標、宇宙全体の空間を観ているということであり、そこに在る、ということです！！！

そして、真に宇宙全体のエネルギーと一体化し、その中心、核心として、中今に必要なトップ&コアのエネルギーのポータルとなっているということなのです！！！

Ａｉ先生はよく、「自分は単に、ポータルである（そして皆も）」と簡単におっしゃいますが、宇宙全体、宇宙すべての生命、存在、エネルギーと一体化し、包み、その核心のポータルとして動く、ということは、果てしなく壮大なスケールです！！！

そして皇の子を志す我々もまた、それを目指していかなければならないのです！

そのために、宇宙と地球の核心であるこの日の本に、そしてＡｉ先生の元にいるのだと、その無限大の広がりを体験として実感した時に、自覚を新たにした出来事でした！！！

四、アカシックの創造

Ａｉ先生は時に、アカデミーのメンバーだけでなく、世界の集合意識全体へ向けて、正式にメッセージを発信することがあります（本書もその一環です）。

それは、重要な動きを全体へ伝える必要がある時に行われるのですが、ある時そのメッセージを、ホームページのコンテンツとして作成したばかりのホヤホヤの時に、Ａｉ先生から見せていただいたことがありました。

それは、二〇一六年から先へのアカシックと、そのガイドラインがシンプルに書かれたものでしたが、コンテンツを見た瞬間、この地球のアカシック自体が、エネルギーとして、二〇一六へ、その先へと延び、つながっていくヴィジョンとなり、圧倒されました！！！

「二〇一二年ですべてが終了する！」というエネルギーに満ちていた当時の集合意識に、まさに「希望」そのもの、そのエネルギーそのもの、そして未来のアカシックそのものがつながった、と感じました！！！

単なる三次元的なメッセージではなく、その中に、莫大な情報、エネルギー、アカシックが、圧縮ファイルのように入っており、あるいは宇宙の情報図書館につながっているかのような感じがしました！！！

日本には古来、「言葉には霊的な力が宿っている」という意識が受け継がれています。

まさに真の言葉とは「言霊」である。その証を、この体験からもあらためて学びました。

真の言霊とは、エネルギーの創造そのものであり、エネルギーとして観ると、それは万物の創造の源の光＝根源のフォトンそのものであると思います。

根源のフォトンという、創造の光のエネルギーが、そのまま言葉になったものが、言霊と言えると思います。

そしてそれは真に、『皇』のエネルギーによってのみ成され、そこには「皇とは何か」という命題の、ひとつの深いテーマが隠されていると思います！

五、『希望』

これまでにご紹介したエピソードが、皆さまにとって何らかのヒントとなればとても幸いです。

その奥、核心にあるのは、私が地上で観てきた、果てしなく深い愛、慈しみという心の表れの、様々な側面の考察になっています。

「すべての原動力は愛」。愛のための強さであり、英知とはそのために存在し、愛そのもの、慈しみそのものの姿とは、かくも果てしなく深いのだと、私はＡｉ先生から学んできました。

この、Ａｉ先生という存在について、とても伝わり、理解が深まるのではないかと思う、最新の出来事についてご紹介したいと思います。

それは五月上旬の、一番最近の公式セミナーで、Ａｉ先生から我々に伝えられた、根源太陽神界からのメッセージによるものでした！

根源太陽神界から、根源の子供たちへの中今のメッセージとして、

『希望』

という言霊を伝えてくださいました。

そこには、たくさんの意味と願いが込められています！！！

それは本書の巻末の、ＧＷＢＨからのメッセージにも込められていると思います。

まずその意味として、Ａｉ先生は、これから私たちの地上セルフが、真にハイアーセルフと一体化していくための奥義であり、特に八次元の太陽神界、コーザル体とつながっていくためのメッセージであるとおっしゃいました。

それが太陽神界、コーザル体のエネルギーそのものであると！！！

なぜならば、ハイアーセルフとは未来セルフでもあり、魂の奥底からの歓喜は、その「未来」から来る

のであると！！！

後日、さらに「この意味、この言霊こそが、『皇』、『君が代』につながるものであると私は思う」とAi先生がおっしゃいました。

まさにそこにすべてが現れていると思いました！！！

そして私も、『希望』になりたい！！！　宇宙のすべての存在にとっての、真の『希望』に！

と、真に、奥底から思い、願いました。

それはまさに「**日の丸**」についてフォーカスをしていた時であり、それが自分という存在そのものの願いであり、その願いこそが「希望」であると、本当に理解した瞬間だったのです！！！

――これらの体験、学びはすべて、「始まりの始まり」にすぎないと感じています。

「重要なものほど隠されておらず、目の前に常に提示されている。重要なことは、それに『気づくかど

うか』である」。

これは、「愛」についてのセミナーでの、Ａｉ先生からのメッセージです。

「愛」という言葉、その概念は、誰にも隠されておらず、あたりまえのように目の前にあるけれども、愛こそが重要である、と真に気づいた時、その真の意味や核心、そして無限のレベルに気づき、真のアセンションのゲイトが開いていくということなのです。

六、日の丸の封印解除

さきほど宇宙の『希望』になりたい、と書きましたが、最初にＡｉ先生にお話した時の私の希望とは、イコール、「Ａｉ先生そのもの」の存在でした！

それをＡｉ先生にお伝えすると、Ａｉ先生は、「私が感じる皇御母の『希望』とは、根源の子供たち、すなわち『皆さんそのもの』に他ならない！」とおっしゃったのです！！！

この答えを聞いた瞬間、私は雷（神成り！？）に打たれたような感覚となり、すべての点と点がつながったのです！！！

そしてこれが、この寄稿文全体を通して、皆さまにお伝えしたかった、核心を表していると言えます。

「宇宙のすべて、その存在のすべての願いと一体化し、それをかなえていく」。

それが古代の大陸で伝わる帝王学の一つであると、以前、Ａ·ｉ先生からセミナーでお聞きしましたが、まさにそれが「皇御親」であると思います。


それは、皇の子を目指し、その神聖ＤＮＡを継承した存在そのものを目指す我々、日本人の存在と、そのミッションでもあります！！！

そしてそのミッションが、いま、高らかに、この日本を核として、全宇宙へと鳴り響いています。


「戦いでもなく、革命でもない。

あらゆるすべての源である、神界の根源とつながり、魂とハートの中心から輝き出す愛！　光！

それはすべてを愛し、慈しみ、育み、育てる、宇宙の母性、女性性そのもの。

……それが中心であるのだ！

遠心力ではなく、愛と光の求心力。そして共鳴、コ・クリエーションであるのだ！」


（『地球維神』Ｐ１０６より）

すべては根源の愛と光の絆のもとに、ひとつ。それが宇宙の創始からの約束。

根源の絆があれば、すべてを成せる！

「日の丸の封印解除」。それは、中今進行形の伝説として、我々、一人ひとりに、始まっています！！！

おわりに

――『皇人《すめらびと》』とは。

それは一言で言うと、本書で述べてきた【千年プロジェクト】そのものであると思います！

すなわち、一人でも多くの人を！　できれば地球と宇宙のすべての存在を！！！

愛と光と歓喜の本源へ還る、宇宙と生命の目的である、その進化、神化の道へ導いていく！！！

それを担う日戸であり、その「心」、すなわち『君が代』の心であると思います。

最後に、二〇一二年のアセンションもサポートしてくれ、二〇一四年、特に二〇一六年から本格的に動き出す、宇宙の最も高次かつ最新のＧＷＢＨ（Great White Brother Hood）からのメッセージをお贈りします。

中今最新では「神聖白色同朋団」と呼ばれています。

二〇一四年には、これを中心としたコンテンツをお贈りする予定です！

もし人類に運命があるのなら
もしその「運命」がよりよいものでないのなら
それを変えていける人になろう！！！
もし人類の未来が明るいものでないのなら
その「燈台」となる人になろう！！！

GWBH&Ai

愛と光の根源への帰還をともに！

アセンション・ファシリテーター　Ai

◎ 著者プロフィール ◎

アセンション・ファシリテーター Ａｉ（あい）

高次と地上の愛と光のアセンション・アカデミーとライトワーカー家族
ＮＭＣＡＡ(New Macro Cosmos Ascension Academy)アセンション・アカデミー本部、メイン・ファシリテーター。
高次と地上の、愛と光のアセンション・ライトワーカー家族とともに、
日々、たくさんの愛と光のライトワーカーと、そのファシリテーター（アセンションのインストラクター）を創出している。
主な著書『天の岩戸開き―アセンション・スターゲイト』『地球維神』『愛の使者』『クリスタル・プロジェクト』『根源へのアセンション―神人類へ向かって！』（以上明窓出版）等。

◎ＮＭＣＡＡアセンション・アカデミー本部へのお問い合わせは、下記のホームページをご覧の上、Ｅメールでお送りください。

ＮＭＣＡＡ 本部公式ホームページ http://nmcaa.jp

◎パソコンをご使用されない方は、資料請求のお葉書をお送りください。
〒６６３－８７９９
日本郵便　西宮東支局留　ＮＭＣＡＡ本部事務局宛

ＮＭＣＡＡ　本部公式ブログ　http://blog-nmcaa.jp
ＮＭＣＡＡ　本部公式ツイッター　http://twitter.com/nmcaa
☆ｍｉｘｉ『アセンション Cafe Japan』
http://mixi.jp/view_community.pl?id=6051750

皇《すめら》人《びと》

アセンション・ファシリテーター　Ａｉ《アイ》著

明窓出版

平成二十五年七月二十日初刷発行
発行者――増本　利博
発行所――明窓出版株式会社
〒一六四―〇〇一二
東京都中野区本町六―二七―一三
電話　（〇三）三三八〇―八三〇三
ＦＡＸ（〇三）三三八〇―六四二四
振替　〇〇一六〇―一―一九二七六六
印刷所――シナノ印刷株式会社

ISBN978-4-89634-330-4
ホームページ http://meisou.com

地球維新　黄金神起　封印解説

監督脚本／中今悠天
作者／天声会議

中今氏渾身の意欲作。「求めよ、さらば封印は解かれん！」誰もが知る、あのアニメや特撮ヒーローには、隠された暗号が存在している。黄金神起の封印はいま紐解かれ、月の裏側の謎に迫る。数々の物語に散りばめられたエピソードは、フィクションか？　あるいは事実なのか？　暗号を読み解いた時、あなたの現実は音をたてて崩れ去り、黄金人類の扉が開かれゆく。

（アマゾンレビューより）前半が近未来の予言も含む超コアな暗号小説となっていますね。未だかつてないほど深い日本の裏側が描かれていて驚きました。日本のB層には理解されにくい、国家や経営のトップ、裏社会に精通している人が読めば思わずニヤリとするでしょうね。月の裏側の秘密、琵琶湖の秘密、フリーエネルギーの原理、八咫烏の真相など、ここまで書いても出版できるのかと思いました。いろいろ暴露本は世の中ありますけど、ここまでの内容は書店で売られていいのかとも思えるレベルです。そういう意味では2013年、この年に封印が解かれたのかもしれない。また後半はがらりと変わって、日本人なら誰でも知っているウルトラマン、仮面ライダー、特撮映画、アニメというアカデミックな世界からは娯楽やサブカルチャーと低く見られていたものの中に、実は世界に冠たる日本の神々の計画が記されていたことが暴露されています。あの、子供時代にみたマンガやヒーローが実は神の計画によってクリエーターたちに作らせてきたという証拠が次々と明かされている。最初は、まさかと思ったが、ここまで証拠や符合が多いと信じたくなってきました。たしかに神になぞらえたロボットアニメはあるにはあったけど、こんなにも細かな仕掛けがされていたとは正直考えもしなかった。もしそれが本当ならとんでもなく壮大な計画だったのだろうと思う。伊勢と出雲の遷宮が同時に行われる今年に合わせて出てくるあたりも何やら秘めた計画が動き出しそうに感じました。

定価2000円

人類が変容する日

エハン・デラヴィ

意識研究家エハン・デラヴィが、今伝えておきたい事実がある。
宇宙創造知性デザイナーインテリジェンスに迫る！

宇宙を巡礼し、ロゴスと知る――わたしたちの壮大な冒険はすでに始まっている。取り返しがきかないほど変化する時――イベントホライゾンを迎えるために、より現実的に脳と心をリセットする方法とは？そして、この宇宙を設計したインテリジェント・デザインに秘められた可能性とは？

人体を構成する数十兆の細胞はすでに、変容を開始している。

第一章　EPIGENETICS
「CELL」とは？／「WAR ON TERROR」――「テロとの戦い」／テンション（緊張）のエスカレート、チェスゲームとしてのイベント／ＤＮＡの「進化の旅」／エピジェネティクスとホピの教え／ラマルク――とてつもなくハイレベルな進化論のパイオニア／ニコラ・テスラのフリーエネルギー的発想とは？／陽と陰――日本人の精神の大切さ／コンシャス・エボリューション――意識的進化の時代の到来／人間をデザインした知性的存在とは？／人類は宇宙で進化した――パンスペルミア説とは？／なぜ人間だけが壊れたＤＮＡを持っているのか？／そのプログラムは、３次元のためにあるのではない／自分の細胞をプログラミングするとは？／グノーシス派は知っていた――マトリックスの世界を作ったフェイクの神／進化の頂上からの変容（メタモルフォーゼ）他

定価1575円

青年地球誕生　～いま蘇る幣立神宮～

春木英映・春木伸哉

五色神祭とは、世界の人類を大きく五色に大別し、その代表の神々が“根源の神”の広間に集まって地球の安泰と人類の幸福・弥栄、世界の平和を祈る儀式です。この祭典は、幣立神宮（日の宮）ではるか太古から行われている世界でも唯一の祭です。不思議なことに、世界的な霊能力者や、太古からの伝統的儀式を受け継いでいる民族のリーダーとなる人々には、この祭典は当然のこととして理解されているのです。遠くアメリカ、オーストラリア、スイス等世界全国から霊的感応によって集まる人々が、五色神祭と心を共有する祈りを捧げます。

高天原・日の宮　幣立神宮の霊告　未来へのメッセージ／神代の神都・幣立神宮／天照大神と巻天神祭／幣立神宮と阿蘇の物語／幣立神宮は神々の大本　人類の根源を語る歴史の事実／大和民族の理想／他

（アマゾンレビューより）この神宮にはアメリカの政治決定を判断する霊能者が参拝するという。近年、その霊能者たちのパワーが落ちているので、わざわざ九州山地の阿蘇の幣立神宮に参宮してパワーをもらうのだという。「スピリチュアリズム」という言葉は江原啓之氏の専売特許かと思っていたが、昭和40年代から著者の春木秀映師が使われていたことに驚いた。さらには、神社でありながら旧約聖書、新約聖書が奉納されていたり、ユダヤ民族の末裔が遠く中東から九州の天草に流れ着き、モーゼの面や石を奉納していることにも。加えて、仏足跡が奉納され、釈尊が幣立宮に参詣するならば、別世界の話と思ってしまう。日支事変や大東亜戦争も神の神慮であったという件に時の総理大臣東條英機までもが登場するので、にわかには信じ難い。しかし、大東亜戦争中、千駄ヶ谷に今もある鳩森神社の神官であった岡本天明のもとには陸軍の将官が来訪して日本の行く末について伺いをたてている。そういうこともありなのか、と思った。

定価1575円

光のいやしが地球を救う

白龍☆Ricky道人

医療のフリーエネルギーと呼ぶべき驚異の治療法『yuki』は、ある一人の男性に突然もたらされた不思議なヒーリング（癒し）パワー。その驚くべき治癒現象により、yukiは人から人へ感動とともに伝えられている！　Ricky☆が世界中で癒しの旅をしながら、神と地球と人々を愛と虹で調和するドキュメンタリー・ストーリー。

ジャワ島の大地震のころとOKバジ／鬱、トラウマ、病気を持っていた方も……。魔法の○○　／ヒーラーを目指す方へ。イエスを越えたと言われた男／食べない人になれますか？／レインボーギャザリング／強い憑衣とヒーリングではないヒーリング／ガンガーで光のシャワーの洗礼を浴びる／バリ島の神々がいなくなる/他

（アマゾンレビューより）１.感想は「天界のお仕事に呼ばれたんだな〜…」です。泣きました。道行く人の頭上に薄い膜のような層が見えるという記述が『五次元』『パラレルワールド』『膜理論』とリンクし自分の『今』についていろいろ感じることが多くなりました。２.世の中には、悪魔のような人間もいれば神様のような人間もいる。著者は、ヒーリングを通じ世界中の人を幸せに導く活動を行っている。そこにあるものは、駆け引きも損得もなく、ただ人を幸せに導きたいという「愛」だけだ。著者のヒーリングは施術される方より、施術する方が癒されるという。白血病の患者が人にヒーリングする姿は新鮮だった。改めて与える愛の力の大きさに気づかされた。導かれる旅の中で知り合う、ＯＫバジさんの活動も胸を打つ。ネパールの貧困地区に人生を捧げるバジさん。この本で滅私で与え尽くす彼らの姿に、自分の人生を振り返る時間を貰えた。　定価1365円